MARCO POLO

Mauritius

Reisen mit Insider Tipps

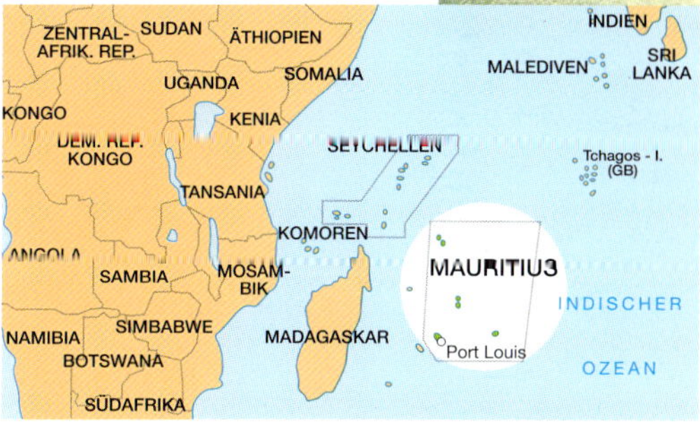

Diesen Führer schrieben Freddy Langer und Britta Weimer-Langer. Die Aktualisierung und Überarbeitung besorgte Maja Hettegger. Sie kennt die Inselwelt des Indischen Ozeans von vielen Reisen und hat fünf Jahre auf La Réunion gelebt.

marcopolo.de

Die aktuellsten Insider-Tipps finden Sie unter www.marcopolo.de, siehe auch Seite 98

MAIRS GEOGRAPHISCHER VERLAG

SYMBOLE

Insider Tipp **MARCO POLO INSIDER-TIPPS:**
Von unseren Autoren für Sie entdeckt

★ **MARCO POLO HIGHLIGHTS:**
Alles, was Sie auf Mauritius kennen sollten

HIER HABEN SIE EINE SCHÖNE AUSSICHT

WO SIE JUNGE LEUTE TREFFEN

PREISKATEGORIEN

Hotels

€€€	über 200 Euro
€€	über 60 Euro
€	bis 60 Euro

Die Preise gelten für zwei Personen im Doppelzimmer pro Nacht mit Halbpension.

Restaurants

€€€	über 40 Euro
€€	über 15 Euro
€	bis 15 Euro

Die Preise beziehen sich auf ein Essen für eine Person à la carte mit drei Gängen einschließlich Getränken.

KARTEN

[114 A1] Seitenzahlen und Koordinaten für den Reiseatlas Mauritius

[U A1] Koordinaten für die Karte Port Louis im hinteren Umschlag

[O] Objekte außerhalb des Kartenausschnitts

Zu Ihrer Orientierung sind auch die Orte mit Koordinaten versehen, die nicht im Reiseatlas eingetragen sind.

GUT ZU WISSEN

INHALT

Die wichtigsten MARCO POLO Highlights

Sehenswürdigkeiten, Orte und Erlebnisse, die Sie nicht verpassen sollten

1 Cavadee
Büßer peinigen sich mit Nadeln, die sie durch Wangen und Zunge stechen, laufen zum Teil auf Nagelschuhen und tragen das schwere blumengeschmückte Cavadee auf den Schultern (Seite 26)

2 Père-Laval-Tag
Am 9. September ziehen Tausende Pilger zu Ehren des Nationalheiligen Père Laval zu dessen Grab in Sainte Croix bei Port Louis (Seite 27)

3 Ilot Gabriel
Ein Segeltörn zu der Insel mit weißen Traumstränden und intaktem Korallengarten ist ein Urlaubshöhepunkt (Seite 33)

4 Le Pescatore
Für viele das beste Restaurant der Insel und ein Muss für Feinschmecker (Seite 40)

5 Champ de Mars
Jeden Samstag zwischen März und Oktober ist das Pferderennen das gesellschaftliche Ereignis für Arm und Reich (Seite 44)

6 Zentralmarkt von Port Louis
Hier dringen fremdartige Gerüche in die Nase und kommen die Augen nicht aus dem Staunen heraus (Seite 47)

7 Caudan Waterfront
Boutiquen, Juweliere, Bars und kleine Restaurants laden zum Bummeln, Shoppen und Verweilen ein (Seite 49)

Ein paradiesisches Vergnügen: Baden an der Ile aux Cerfs

Auch unter Wasser ist es bunt

Frauen auf dem Markt

8 Eureka
Im 1850 erbauten Kolonialhaus bei Moka spürt man die Atmosphäre vergangener Tage (Seite 53)

9 Kalaisson-Tempel
Vor der spektakulären Kulisse der Montagne Longue leuchten die bunten Figuren indischer Götter (Seite 53)

10 Domaine du Chasseur
In den dichten Wäldern tummeln sich Hirsche und Wildschweine, Falken kreisen am Himmel (Seite 61)

11 Ile aux Cerfs
Herrlich pulvrige und weiße Strände, umspült vom kristallklaren Wasser der türkisfarbenen Lagune (Seite 63)

12 Varangue sur Morne
Einheimische Küche mit traumhaftem Blick über die gesamte Südwestküste und auf den Morne (Seite 66)

13 Black River Gorges National Park
Wanderwege durch Wälder und auf den Piton de la Petite Rivière Noire (Seite 68)

14 Floréal Boutique
Einkaufszentrum mit Lagerverkauf des weltweit zweitgrößten Strickwarenherstellers (Seite 77)

15 Dinarobin Hotel Golf & Spa
Ruhe und Genuss pur verspricht die Anlage, in der man sich unter anderem bei professionellen Anwendungen die Muskeln lockern lassen kann (Seite 69)

★ *Die Highlights sind in der Karte auf dem hinteren Umschlag eingetragen*

Entdecken Sie Mauritius!

Zu Unrecht beschränkt sich der Fremdenverkehr auf den schmalen Streifen an Strand und Riff

Diamant des Indischen Ozeans – so wird Mauritius in den Hochglanzbroschüren der Reiseveranstalter genannt. Die Insel ist ein Traumziel für Sonnenanbeter, die bei Unterkunft, Verpflegung und Service auf ein gewisses Niveau Wert legen. Sonne, Palmen, weiße Strände, zum Baden einladendes warmes Meerwasser, türkisfarbene Buchten und ansprechende Hotelanlagen mit großem Swimmingpool – das alles und noch viel mehr verspricht (und hält!) das im Tropengürtel und im wärmsten unserer Weltmeere gelegene Eiland.

Noch vor 20 Jahren galt Mauritius als luxuriöses, abgelegenes Exklusivurlaubsziel, das nur wenigen Privilegierten offen stand. Mittlerweile haben so gut wie alle großen Reiseveranstalter die Insel im Programm. Insider wissen außerdem, dass ein Aufenthalt im Indischen Ozean nicht unbedingt teuer sein muss. Sonnenanbeter fühlen sich hier ebenso wohl wie Aktivurlauber und Sportfanatiker. Vom Globetrotter bis zum Filmstar ist alles vertreten – für jeden Geldbeutel ist das richtige Angebot dabei. Auch wenn die Besucherzahlen stetig zunehmen und sich immer mehr Hotels entlang der Strände ausbreiten, hat Mauritius seinen Zauber bewahrt.

Korallenriffs an der Ostküste

Bunt geschmückte Hindugottheit

Als portugiesische Seefahrer die Insel, die mit 1865 km^2 kaum größer als Berlin ist, im 16. Jh. entdeckten, fanden sie dort lediglich einige Vogelarten, dichten tropischen Urwald und eine große, von einem Korallenriff gesäumte Lagune vor. Nach erfolglosen Besiedlungsversuchen durch die Niederländer, denen tropische Stürme und Piraten das Leben schwer machten, ließen sich die Franzosen hier mitsamt afrikanischen und madagassischen Sklaven nieder. Anfang des 19. Jhs. eroberten die Briten die Kolonie und lockten über eine Million indische Vertragsarbeiter ins Land. Hinzu kamen chinesische Facharbeiter. Kein Wunder also, dass die Bevölkerung der heutigen Republik

Geschichtstabelle

um 900 Mauritius ist arabischen Seefahrern bereits bekannt

1511 Der portugiesische Seefahrer Mascarenhas entdeckt die unbewohnte Insel Mauritius

1598 Die Holländer übernehmen die Insel und nennen sie nach ihrem Statthalter Prinz Moritz (Maurice) von Nassau

1710 Die Holländer verlassen Mauritius. Die Insel wird zu einem berüchtigten Piratennest

1715 Die Franzosen nehmen Mauritius als Stützpunkt in Besitz und beginnen den Kampf gegen die Seepiraten

1735 Der Franzose Mahé de Labourdonnais gründet die Haupt- und Hafenstadt Port Louis

1748 Die Engländer versuchen, die Insel zu erobern

1794 In Frankreich wird entschieden, die Sklaverei abzuschaffen; auf Mauritius wird dies allerdings nicht umgesetzt

1808 Das französische Zivilgesetzbuch wird eingeführt und gilt bis heute. In den folgenden Jahren müssen die Franzosen Mauritius gegen die Engländer verteidigen

2. 12. 1810 Die Franzosen kapitulieren in Port Napoleon (= Port Louis)

1814 Franzosen und Engländer schließen Frieden in Paris und teilen auf: Réunion bleibt französisch, Mauritius, Rodrigues und die Seychellen gehen an England. Auf Mauritius leben 78 000 Menschen, 80 Prozent davon sind Sklaven

1835 Die Sklaverei wird abgeschafft. Billige Arbeitskräfte werden aus China und Indien geholt

1854–99 Epidemien und Naturkatastrophen zerstören die Insel so sehr, dass sich durch Krankheit und Auswanderung die Zahl der Bewohner fast halbiert

1936 Die erste politische Partei (Arbeiterpartei) wird gegründet

1958 Das uneingeschränkte Wahlrecht wird eingeführt

1968 Mauritius wird ein souveräner Staat im britischen Commonwealth; erster Premierminister ist Seewoosagur Ramgoolam

1992 Ausrufung der Republik

2000 Auf Grund eines knappen Wahlergebnisses wird entschieden, dass die Legislaturperiode geteilt wird. Sir Aneerood Jungnauth führt bis 2002 die Regierung, dann folgt der langjährige Oppositionsführer Paul Bérenger, der bis zum Jahr 2004 Premierminister sein wird

Mauritius aus vielen ethnischen Gruppen zusammengesetzt ist. Die Menschen aller Hautfarben tolerieren sich jedoch mitsamt ihren unterschiedlichen Bräuchen und Religionen. Sie sind stolz auf ihre Insel und deren kulturelle Vielfalt. Auch die offiziell nicht anerkannte Landessprache *Créole,* die fast alle der 1,2 Mio. Mauritier im Alltag sprechen, ist ein wichtiger Stein im Aufbau einer nationalen Identität.

» Anfangs war Mauritius ein Piratennest … «

So vielfältig wie die Bevölkerung, so abwechslungsreich ist auch die Landschaft der tropischen Insel. Vulkane ließen sie vor etwa 7 bis 8 Mio. Jahren aus dem Meer entstehen. Die Kegel der vor langer Zeit erloschenen Feuerberge ragen noch immer bizarr in den Himmel. Durch das Absacken des Lavabodens entstand das Korallenriff, das fast die ganze Insel umgibt und eine flache, maximal 40 m tiefe Lagune bildet. Ihr 24–27 Grad warmes, strömungsarmes Wasser bietet schier unbegrenzte Badefreuden und paradiesische Verhältnisse für Freunde aller Wassersportarten. Hohe Wellen und Haie werden vom Riff abgehalten, die Großfische jenseits des Korallengürtels werden zum Jagdobjekt leidenschaftlicher Sportfischer. Das ganze Jahr über liegen die Lufttemperaturen zwischen 24 und 30 Grad, die Sonne verwöhnt die grüne Insel und lässt eine einzigartige Vegetation gedeihen.

Trotz des Gewächshausklimas konnte sich das in die Unabhängigkeit entlassene Mauritius ohne die Hilfe einer Kolonialmacht nur schwer ernähren. Die Regierung suchte nach Alternativen zum Zuckerrohr, das auf 80 Prozent der landwirtschaftlich nutzbaren Fläche

Festliche Abendstimmung im bunt geschmückten Zelt

angebaut wird. Sie schuf 1970 eine Freihandelszone und lockte damit Investoren an, die vor allem aus der Textilbranche kamen und bis heute modische Kleidungsstücke produzieren. Gleichzeitig wurde der Fremdenverkehr ausgebaut und die Insel geschickt vermarktet.

... dann kamen Investoren und Tourismus

Der Tourismus veränderte das Gesicht der Insel, beeinträchtigt deren Charme jedoch nicht. Entlang der schönsten Strandabschnitte öffneten immer mehr Hotels ihre Pforten, und ruhige Fischerorte mauserten sich zu Ferienzentren.

Obwohl diese Entwicklung nicht allen Mauritiern Vorteile bringt, treten sie Fremden mit großer Freundlichkeit entgegen. Die Zukunft der wirtschaftlichen Entwicklung – vor allem in der Zuckerindustrie – ist ungewiss. Die Regierung versucht durch die Fächerung des Angebots an Industrie- und Landwirtschaftsprodukten, sich den Herausforderungen des 21. Jhs. zu stellen. Glitzernde Hochhäuser und schicke Hotels können nicht darüber hinwegtäuschen, dass Mauritius stark von der Weltkonjunktur, vor allem vom europäischen Markt, abhängig ist. Trotz aller Vorteile des modernen Lebens sind soziale Sicherheit oder Arbeitslosengeld noch Fremd-

Eine bunte Mischung

Mauritier verschiedenster Herkunft leben neben- und miteinander

Mauritier ist nicht gleich Mauritier. Unter den Hindus unterscheidet man zwischen Nord- und Südindern. Während die nordindischen *hindous* das politische Leben dominieren, in Wirtschaft und Handel mitmischen sowie bei der Polizei stark vertreten sind, arbeiten die meisten südindischen *tamouls* in der Landwirtschaft. Indische Muslime leben oft vom Im- und Exportgeschäft. Viele Supermärkte befinden sich in den Händen chinesischer Familien, auch eine große Zahl der Ärzte, Rechts- und Wirtschaftsberater stammt aus ihren Reihen. Nur 25 Prozent der Mauritier bezeichnen sich als Kreolen. Sie haben meist afrikanische Vorfahren, sind katholisch und leben vor allem im Süden der Insel, wo sie traditionell als Fischer und Kleinbauern tätig sind. Heutzutage trifft man sie vermehrt in den Bereichen Service und Gästebetreuung der Hotels an. Die einflussreichen Frankomauritier besitzen die meiste Landfläche, obwohl sie nur ein Prozent der Bevölkerung stellen. Sie stehen in der Zucker-, Bekleidungs- und Hotelbranche am Schaltpult. Interethnische Ehebunde werden auf Mauritius nur selten geschlossen, die meisten Gruppen bleiben unter sich.

Flic en Flac, ein bei Einheimischen beliebter Strand

wörter, und die Mehrzahl der Einwohner kann von dem in der Werbung präsentierten Lebensstil nur träumen. Viele versuchen, sich als Kleinunternehmer zu betätigen, bieten Dienstleistungen an, vermieten ein paar Zimmer oder Apartments an Touristen und versuchen damit, sich eine Scheibe vom Wohlstand abzuschneiden. Wer ohne vorherige Buchung auf die Insel reist, wird deshalb keine Schwierigkeiten haben, günstige Unterkünfte zu finden.

Mauritius bietet mehr als Strandurlaub

Mauritius bietet viel mehr als Strandurlaub. Es lohnt sich, mit dem Mietauto auf Entdeckungsfahrt zu gehen oder die Menschen hautnah im Bus zu erleben. Mit dem Rad oder zu Fuß kommt man den kleineren Schönheiten der Insel am nächsten: Dabei atmet man den Duft der Bougainvillea ein, spürt die salzige Meeresbrise, hört das Rauschen des Zuckerrohrs oder lauscht dem Gesang eines Vogels.

In abgelegenen Flusstälern und in den Höhen der Berge entdeckt man die Vielfalt der einheimischen Pflanzenwelt. Im tiefen Dickicht der Urwälder leben die letzten Vertreter einer einst artenreichen einheimischen Vogelwelt, darunter der seltene Mauritiusturmfalke *(Kestrel)* und die rosafarbene Mauritiustaube *(Pink Pigeon)*. Häufiger sieht man jedoch eingeführte Tierarten wie Javahirsche, Affen oder Wildschweine. Die Gärten produzieren eine ewige Blütenpracht, am Korallenriff sowie rund um viele vorgelagerte Inseln gedeiht örtlich eine bunte Unterwasserflora und -fauna. Denjenigen, die mit wachem Sinn, gespitzten Ohren und offenen Augen unterwegs sind, offenbart die Insel ihren ganzen Zauber.

Von blaue Mauritius bis Zyklon

Facetten einer multikulturellen Insel

Die blaue Mauritius

Ein Irrtum führte dazu, dass die 1847 gedruckten Briefmarken »orange und blaue Mauritius« als äußerst seltene und wertvolle Sammlerstücke Weltruhm erlangten. Mauritius war die erste Kolonie, die Briefmarken herausbrachte (Deutschland druckte 1849 erste Postwertzeichen). Der Graveur Joseph Barnard stach »Post Office« neben das Bild von Königin Viktoria in die Kupferplatte und druckte 500 Stück. Mit den druckfrischen Marken zierte Lady Gomm, die Gattin des damaligen britischen Gouverneurs, 150 der 350 Einladungen zu einem Ball. Kurz darauf wurde bemerkt, dass der Aufdruck hätte »Post Paid« lauten müssen. Heute ist die Existenz von 13 orangefarbenen One-Penny- und 12 blauen Two-Pence-Marken bekannt. Eine mauritische Interessengemeinschaft erstand 1993 je ein Exemplar für insgesamt 1,5 Mio. Euro. Die Originale liegen im Tresor der Mauritius Commercial Bank, Kopien kann man im Postmuseum und im Blue-Penny-Museum in Port Louis bewundern.

Früher die Musik der Sklaven, heute mauritisches Kulturgut: die Séga

Dodo

Der Ende des 17. Jhs. ausgestorbene Vogel ist heute präsenter denn je: Dodos in allen erdenklichen Formen und Farben stehen in den Regalen der Souvenirläden und verzieren T-Shirts, Jacken und Umhängetaschen. Restaurants und Bars sind nach ihm benannt. Auch ganz offiziell kommt er zu Ehren: als Wappenvogel der Insel. Der Dodo *(Raphus cucullatus)*, auf Deutsch Dronte, war etwas größer als ein Truthahn, hatte kurze Beine, einen dicken, überaus plumpen Körper und auf einem langen Hals einen runden Kopf mit federlosem Gesicht und großem Hakenschnabel. An Stelle von Flügeln wuchsen ihm kurze Stummel, und statt eines Schwanzes hatte er einen dünnen Busch Federn. Fliegen konnte er nicht, seine Eier brütete er auf dem Boden aus – beides wurde ihm zum Verhängnis. Obwohl das Fleisch nicht sonderlich schmackhaft gewesen sein soll, schätzten schon die frühen holländischen Seefahrer den Vogel als Abwechslung auf ihrer eintönigen Speisekarte. Es ist aber auch überliefert, dass Matrosen das Tier aus purer Freude erschlugen. Aber mehr noch als der Mensch dürften eingeführte Tiere wie Ratten, Schweine, Ziegen und Affen zur raschen Dezimierung

Eine der am besten erhaltenen Kolonialvillen: Eureka

des Dodos geführt haben, der vor der Besiedlung der Insel keine natürlichen Feinde hatte. Die Rekonstruktion eines Dodo ist im Naturhistorischen Museum in Port Louis ausgestellt.

Filaos

Nicht Kokospalmen, wie es die Klischeevorstellungen der Tropen erwarten lassen, säumen die weißen Sandstrände von Mauritius, sondern Filaos. Im 18. Jh. wurden diese Bäume aus Australien eingeführt. Heute ziehen sich die dichten Haine fast überall an den Küsten entlang. Wie die Kokospalme gedeihen auch die Filaos im leicht salzigen Boden des Strandes. Grund für ihre rasche Ausbreitung jedoch ist, dass ihre Stämme und Äste flexibel genug sind, um den schweren Wirbelstürmen, den Zyklonen, nachzugeben. In ihrem Aussehen erinnern die Bäume an die europäische Lärche; tatsächlich aber handelt es sich bei den »Nadeln« um Verlängerungen der Zweige, die ähnlich wie Schachtelhalme ineinander gesteckt sind. Bei uns sind die Filaos unter dem Namen Kasuarinen bekannt.

Kolonialarchitektur

Leider stehen nur noch wenige der eleganten, prunkvollen Landhäuser, die reiche Familien Anfang des 19. Jhs. erbauen ließen. Als Baumaterial wurden Edelhölzer verwendet, rundum verlief eine überdachte Veranda, auf die Türen aus jedem Zimmer führten. Deren Öffnung ermöglichte so gute Durchlüftung, dass die Hitze selbst im Hochsommer erträglich blieb. Um die Gefahr eines Brandes zu verringern, wurde die Küche in einem separaten Steinhaus untergebracht. Wegen der hohen Instandhaltungskosten existieren heute nur noch wenige Kolonialvillen, worunter die zu Museen umgestalteten Residenzen Eureka

[117 D3] von 1830 (bei Moka, Tel. 433/49 51) und die 1872 erbaute Domaine des Aubineaux **[117 E5]** bei Curepipe (Tel. 626/15 13) besonders sehenswert sind. Eureka ist mit wertvollem Mobiliar aus dem 19. Jh. ausgestattet, in Les Aubineaux spürt man noch die gestaltende Hand der 1999 verstorbenen Besitzerin Louise-Myriam Harel.

Verwaltungs- und Repräsentanzbauten aus der Kolonialzeit haben, da sie aus Stein erbaut waren, in größerer Zahl überlebt. Brände und Zyklone konnten ihnen weniger zusetzen. Eindrucksvolle Beispiele sind Government House, Theater und Mauritius Institute in Port Louis, das Marinemuseum in Mahébourg und das Collège Royal in Curepipe. Ihnen fehlt jedoch die Leichtigkeit und Verspieltheit der weiß leuchtenden Privatwohnsitze.

Resorts und Hotels vom Feinsten

Resorts, so nennen sich viele der wunderschönen Ferienanlagen an den herrlichen Stränden. Die Hotelanlagen fügen sich jedoch meist gut in die Landschaft ein. Die Gebäude, bei deren Bau oft natürliche Materialien verwendet wurden, überragen die Palmen nicht, strenge Umweltauflagen werden erfüllt, und Architektur und Landschaftsgestaltung sind sehr ansprechend. Die Qualität von Zimmerausstattung, Service, Gastronomie, Unterhaltungs- und Sportangebot wird weltweit gerühmt. Immer häufiger zählt auch ein Wellnessbereich zum Angebot. Nichtsdestoweniger reduzieren die Hotelanlagen stetig die Zahl der für die Gesamtbevölkerung zugänglichen Strandabschnitte. Zwar sind offiziell alle Strände öffentlich, de facto halten sich jedoch Einheimische nur ungern an Hotelstränden auf. Ihnen wird der Zugang erschwert, und sie spüren vor allem, dass sie ungeliebte Besucher sind, da die Anlagen ihren Gästen gerne Privatsphäre garantieren würden.

Route Royale

In jedem Ort auf Mauritius heißt die Hauptstraße Route Royale, was bisweilen mit Royal Street, häufiger jedoch mit Royal Road übersetzt wird. Dabei ist es durchaus üblich, dass in einer Stadt alle drei Varianten benutzt werden. An diesen Straßen liegen die Läden, die Restaurants und die Bars. Da es Hausnummern so gut wie nirgends auf Mauritius gibt, sind die Adressen sämtlicher wichtiger Geschäfte identisch. Für den Fremden, der ein bestimmtes Haus sucht, bedeutet das, entweder mit aufmerksamem Blick die Straße auf- und abzufahren oder einen Einheimischen zu fragen. Da diese allerdings oft die Namen der Nebenstraßen nicht kennen, erfährt man häufig nur den Namen eines Geschäfts, das in der unmittelbaren Nachbarschaft liegt. Freilich sind die Orte meist klein, und die Route Royale ist entsprechend kurz – entgegen dem Anschein (vor allem entlang der Nordwestküste gewinnt man diesen Eindruck) ist die Route Royale nicht etwa eine durchgehende Straße, die die gesamte Insel durchzieht.

Seewoosagur Ramgoolam

Dem Namen Seewoosagur Ramgoolam begegnet man auf Mauritius überall. Der Flughafen, der botanische Garten, das größte Krankenhaus und viele andere Einrichtungen sind nach ihm benannt, zudem in fast jedem Ort eine Straße. Ramgoolam kam 1900 als Sohn indischer Eltern auf Mauritius zur Welt. Nach einem Medizinstudium in Großbritannien kehrte er in seine Heimat zurück, wurde 1940 Konsul, kämpfte sehr bald für eine zunächst begrenzte Selbstverwaltung der Insel und, von 1948 an, als Vorsitzender der Arbeiterpartei für ihre Unabhängigkeit. Von 1968 bis 1982 leitete er die Regierung; nachdem seine Partei die Mehrheit verlor, hatte er das Amt des Generalgouverneurs inne, unserem Bundespräsidenten vergleichbar. Er starb 1985. Auf Mauritius nennt man ihn den »Vater der Nation und Architekten der Unabhängigkeit«.

Zuckerrohr

Die Insel habe zwei Landschaften, sagt man auf Mauritius, die eine sieht man vor, die andere nach der Zuckerrohrernte. Fährt man zwischen März und Juni über die Insel, ragen die Pflanzen bisweilen über Kilometer hinweg wie Mauern rechts und links der Fahrbahn empor. 80 Prozent der landwirtschaftlich nutzbaren Fläche von Mauritius sind mit Zuckerrohr bebaut. Selbst in 600 m Höhe sind Felder angelegt. Schon 1639 führten die Niederländer die sturmresistente, widerstandsfähige Pflanze ein, aber erst den Franzosen gelang es gegen Ende des 18. Jhs., Zucker von guter Qualität zu gewinnen. Seither steigt die Produktion. Heute werden in neun Fabriken bis zu 700 000 t Zucker produziert. Aus dem Nebenprodukt Melasse wird Rum gewonnen. Die Zuckerindustrie ist nach wie vor einer der größten Industriezweige und Arbeitgeber der Insel. Es gibt zwei Möglichkeiten, zu sehen, wie aus den Pflanzenstängeln der Saft gewonnen und zu Zucker verarbeitet wird: in der Freizeitanlage Domaine les Pailles, wo eine alte Fabrik wieder aufgebaut wur-

Zuckerrohrplantagen bestimmen über weite Strecken das Gesicht der Insel

Von überall her ein bisschen

Auf Mauritius mischen sich die europäische und asiatische Sprachenwelt

Die sprachliche Vielfalt der Insel versetzt in Erstaunen: Verwaltungssprache ist Englisch, die Oberschicht konversiert auf Französisch, untereinander benutzen die Mauritier Kreolisch. In Familien indischer Abstammung wird zum Teil Bhojpuri gesprochen, eine Art kreolisches Hindi. Mauritier chinesischer Herkunft beherrschen vereinzelt Kantonesisch oder Hakka, unter Moslems wird auch Urdu gepflegt. Mittlerweile kann man all diese Sprachen in der Schule erlernen, nur Kreolisch, das 95 Prozent der Mauritier sprechen, wird weiterhin von den Autoritäten ignoriert. Der kreolische Wortschatz basiert auf dem Französischen, gespickt mit madagassischen, indischen und englischen Elementen. In den Medien tauchen gelegentlich Werbespots oder Kommentare auf Kreolisch auf, ansonsten dominiert hier Französisch. Indische Spielfilme laufen auf Hindi. Als Besucher der Insel kommen Sie mit Englisch zurecht, allerdings ziehen es die Mauritier generell vor, Französisch zu sprechen.

de, oder in den modernen Betrieben, die zwar keine offiziellen Führungen anbieten, wo aber meist jemand abgestellt wird, um neugierige Besucher durch die Anlage zu führen. Von Januar bis Juli sind die Unternehmen geschlossen, dann werden allenfalls die Maschinen gewartet.

Zyklone

Zyklone sind Wirbelstürme, die zwischen Dezember und April auftreten können. Sie entstehen in Äquatornähe über dem Meer, wenn sich das Wasser dort für längere Zeit über 26 Grad erhitzt und dadurch besonders schnell verdunstet. Gewaltige Wolkentürme bilden sich und werden durch die Erdrotation in Bewegung gebracht. Nahe dem Zentrum eines Zyklons erreicht der Sturm Geschwindigkeiten von 250 km/h; das führt zu Springfluten und gewaltigen Niederschlägen. Besonders für die Landbevölkerung haben diese Stürme eine verheerende Wirkung. Straßen werden überschwemmt, Hütten fortgeblasen, Bäume entwurzelt und die Pflanzen auf den Feldern ausgerissen. In Radio und Fernsehen wird schon Tage vorher in allen Landessprachen auf das kommende Unwetter hingewiesen. Hab und Gut wird dann gesichert, Vorräte werden aufgestockt; wer in Holzhütten wohnt, findet sich in Gemeinderäumen, Schulen und Bürogebäuden ein. Es dauert nur wenige Stunden, bis ein Zyklon die Insel überquert hat, aber er hinterlässt meist ein Bild des Schreckens, als habe er tagelang gewütet.

»Cari No. 2« steht selten auf der Karte

Mit Einflüssen aus drei Kontinenten beweist die Küche von Mauritius, dass viele Köche nicht immer den Brei verderben

Wer nicht in Grand Baie, Péreybère oder im Zentrum von Flic en Flac nächtigt, tut gut daran, Halbpension zu buchen, denn von den meisten Ferienhotels aus sind Restaurants nur umständlich zu erreichen. Wer ein Selbstversorgerapartment oder eine Pension nahe einer Ortschaft wählt, hat hingegen die Wahl zwischen Snackbars, Straßenständen, Speiselokalen, Pizzerien und Gourmetrestaurants. Da die hygienischen Bedingungen meist gut sind, dürften selbst empfindliche Mägen keine Probleme bekommen. Schade wäre es deshalb, nie außerhalb des Hotels zu essen. Kaum irgendwo auf der Welt ist die Palette an indischen, kreolischen, chinesischen und französischen Menüs größer als hier. Spannend wird es vor allem dort, wo die Grenzen aufgehoben wurden, und die Köche dreier Kontinente die Küche vervollkommnet haben. Das ist vor allem in den À-la-carte-Restaurants der Luxushotels der Fall. Jenseits der Touristenzentren darf man in den Lokalen keine allzu hohen Ansprüche an Einrichtung und Service stellen. Die exotische Küche und die Liebenswürdigkeit des Personals machen dies aber wieder wett.

Entlang der Straßen liegen vor allem kreolische, chinesische, europäische, italienische und indische Restaurants. Japanische Küche, Thaiküche und Wildspezialitäten gibt es vereinzelt, bei Heimweh lohnt ein Abstecher zum Café Wiener Walzer in Pamplemousses, wo österreichische Torten zu einer guten Tasse Kaffee munden. Vegetarier werden vor allem die abwechslungsreiche Kost indischer Restaurants schätzen. Die reichhaltigen Buffets der Hotelrestaurants stehen allabendlich unter einem Motto, gelegentlich gibt es auch eine Menüauswahl. Wer anstatt im Hauptrestaurant in einem der zum Hotel gehörenden Spezialitätenrestaurants diniert, erhält meist einen Rabatt. Hier stehen bevorzugt mediterrane Küche, Wild-, Grill-, Meeresfrüchtespezialitäten oder französische Haute Cuisine auf der Karte.

Indische, kreolische, chinesische und französische Einflüsse machen die mauritische Küche interessant

Essen

Die Alltagsgerichte der Kreolen heißen *cari* (oder *curry*), *daube* und

Mauritische Spezialitäten

Lassen Sie sich diese Köstlichkeiten gut schmecken!

Speisen

badias – im Kräuterteigmantel frittiertes Gemüse, zu dem eine scharfe Soße gereicht wird

biryani – pikante Reispfanne mit Fleisch-, Ei- und Gemüsestreifen

boulettes chinoises – Teigbällchen, die frisch frittiert in Snacks angeboten werden

cabri massala – Ziegenfleisch in würziger Massalasoße, beliebte Spezialität nach hinduistischen Opferzeremonien

cari de cerf – Hirschgulasch in einer schmackhaften Tomaten-Zwiebel-Soße

cari oder curry de poulet – Hühnchenfleisch, Tomaten, Zwiebeln und Massalapulver, zusammen verkocht und mit Reis und Hülsenfrüchten serviert

curry d'agneau avec coco et raisin – milder Lammcurry, mit Kokosnuss und Rosinen verfeinert

gâteau patate – saftiger, fester Kuchen aus Süßkartoffeln, Nationaldessert

mine frite – kreolische Variante des chinesischen Nudelgerichts, wahlweise vegetarisch, mit Huhn, Rind oder Fisch zubereitet

ourite sauce piquante – Spezialität aus frischem oder getrocknetem Tintenfisch in einer mit Gelbwurz (Kurkuma), Chili und Ingwer verfeinerten Soße

oursins – gewöhnungsbedürftige Inselspezialität. Die aufgeschnittenen Seeigel werden roh, auf Eis gekühlt, mit Zitrone beträufelt oder mit würzigem Dressing serviert.

poisson sauce créole – ganzer gegrillter Fisch oder ein Fischfilet in würziger Tomaten-Paprika-Soße

rougaille de boeuf – Gulaschgericht vom Rind in mit Koriander *(cotomili)* verfeinerter Soße

samoussas – in Öl knusprig gebratene, dreieckige Teigtaschen mit herzhafter Füllung

Getränke

alouda – milchartiges Getränk, dass in rosafarbener, hellgrüner und vanillegelber Variante stets gut gekühlt serviert wird, mit Fruchtsamen und Geleestücken

punch – Punsch, vor allem der hausgemachte, ist ein leckerer Aperitif. In der stärkeren Variante als *rhum arrangé* (mit Kräutern angesetzter Rum) auch als Digestif zu empfehlen

rougaille. Sie bezeichnen allesamt Fleisch-, Geflügel- oder Fischgerichte mit unterschiedlichen Soßen, zu denen man gekochten Reis, Linsen- oder Bohnengemüse *(grains)* oder *brèdes* (zerkochte Gemüseblätter) und *chatini,* eine frisch zubereitete Mischung aus rohen Tomaten und Chili, reicht. Für die Soße sind *pommes d'amour* (Liebesäpfel, der mauritische Name für Tomaten), Zwiebeln, Massala- und Kurkumapulver (Gelbwurz) sowie die Gewürzblätter *cari poulet,* Koriander *(cotomili)* und Chilis unabkömmlich. »Cari No. 2« bezeichnet eine kreolische Delikatesse aus Affenfleisch. Die indische Gewohnheit, Fladenbrot *(rotis, nans* oder *faratas)* zum Essen zu reichen, findet auf der ganzen Insel Anhänger, aber auch Baguette wird zu allen Mahlzeiten gereicht.

Wahre Augenweiden sind die Frühstücksbuffets der besseren Hotels. Hier reicht das Angebot vom Müsli über französische Patisserie und Pfannkuchen mit Ahornsirup bis zu *ham & eggs.* Mittags ist dann meist ein Salatteller oder eine leichte Mahlzeit ausreichend.

Wer auf Inseltour ist, sollte einen der einfachen »Snacks« besuchen und für wenige Rupien gekochte oder gebratene Nudeln *(mini bouille* oder *mine frite)* probieren oder die scharfen Snacks kosten, die an Buden oder vom Fahrradständer herunter verkauft werden. Meistens handelt es sich dabei um frittierte Teigtaschen, die mit Fleisch oder Gemüse gefüllt sind. Sie kosten nur ein paar Rupien, dafür werden sie allerdings in Zeitungspapier serviert. *Dholl puris* ist Fladenbrot mit gelben Spalterbsen. *Parathas* sind Fladenbrote aus braunem oder weißem Mehl. Keinesfalls sollten Sie versäumen, das große Angebot an frischen Früchten zu probieren. Je nach Saison türmen sich Mangos, Litchis und Granatäpfel an den Marktständen. Papayas, Minibananen, Ananas, Orangen, Melonen, Limonen und Tamarinden gehören das ganze Jahr über zum Angebot.

Getränke

Auf Mauritius werden zwei Sorten Bier gebraut: *Phoenix* entspricht unserem Pils, *Blue Marlin* wird als »schwaches Starkbier« bezeichnet. Der auf der Insel produzierte Wein, der so genannte *local wine,* wird aus importierter Traubenmasse vergoren und hergestellt. Empfehlenswerter ist da schon Wein aus Südafrika, der in großer Auswahl auf den Weinkarten steht. Wer auf Exklusivität keinen Wert legt, setzt sich in eine der wüsten Rumpinten, die immer in Marktnähe zu finden sind.

Köstlich und sehr empfehlenswert sind auch die leckeren Cocktails und die Rummischgetränke *(punchs),* die an den Hotelbars erhältlich sind. Vitaminhaltig und sehr schmackhaft sind frisch gepresste Obstsäfte und Cocktails von exotischen Früchten. Das Joghurtgetränk Lassi sowie die Trinkkokosnuss sollten Sie unbedingt einmal probieren.

Nach der Mahlzeit wird gerne mauritischer Hochlandtee oder frisch gerösteter Kaffee aus Chamarel gereicht. *Thé indien,* mit Milch, Zucker, Kardamom *(elaïti)* und anderen Gewürzen aufgekochter Schwarztee, der dampfend heiß serviert wird, ist eine besondere Spezialität.

Dodos aus Muscheln und Schiffsmodelle

Beim Direktverkauf in den Fabriken profitieren Touristen von der Freihandelszone

Ohne den Dodo geht gar nichts auf Mauritius. Kein Souvenirgeschäft ohne T-Shirts, Schlüsselanhänger, Aufkleber, Kaffeetassen und anderem mehr mit Abbildungen des Wappenvogels – jenes seltsamen, längst ausgestorbenen Tiers. Ob als niedliches Plüschtier oder in Lebensgröße aus Holz, der Dodo ist das typische Andenken, das man von einer Mauritius-Reise mit nach Hause bringt.

Doch Mauritius bietet nicht nur eine Handvoll kitschiger Mitbringsel, die allenfalls als lästige Staubfänger in dunklen Kellerräumen taugen. Die Insel hat sich in den vergangenen Jahren zu einem Einkaufsparadies entwickelt. Von der Regierung gefördert, um neben dem Zuckerrohranbau und dem Tourismus weitere Standbeine der Wirtschaft zu schaffen, entstanden immer mehr Industriezweige, neue Fabriken, moderne Einkaufskomplexe (z. B. in Port Louis) und attraktive Flanierstraßen (z. B. in Grand Baie).

Die drei wichtigsten Industriezweige sind die Textilherstellung, die Schmuckbranche und der Modellschiffbau. Vor allem die Textilbranche boomt. Wie Pilze schossen Hersteller von Sport- und Freizeitmoden aus dem Boden. Mit den hohen Verkaufszahlen und den steigenden Umsätzen stiegen auch die Ansprüche der Arbeiter und deren Gehälter. Nicht wenige mauritische Unternehmer errichteten daraufhin Fabriken auf Madagaskar, wo sie just jene Bedingungen vorfanden, die vor zehn Jahren auf der eigenen Insel herrschten. Auf Mauritius hat sich unterdessen die Qualität der Produkte stetig verbessert. Heute werden vor allem hochwertige Sportartikel, Strickwaren und Designerkonfektion hergestellt – meist für internationale Marken und allesamt mit einem hohen Exportwert. Für Touristen wurde die Insel dadurch umso mehr ein Dorado, denn fast jede Fabrik hat Verkaufsräume oder eigene Läden in den Einkaufszentren der Insel. Dort kauft man zu vergleichsweise günstigen Preisen ein.

Händler suchen auch am Strand ihr Glück

Schiffsmodelle

Entstanden ist dieser Industriezweig Ende der 60er-Jahre des 20. Jhs., als José Ramar, ein Hobbybastler, als Geschenk für einen französischen Botschafter aus Holz ein maßstabsgerechtes Schiffsmodell baute. Die Arbeit war so gelungen, dass sich Ramar vor Bestellungen kaum retten konnte. Er gründete 1968 bei Curepipe die *Compagnie Maquette José Ramar*, kurz *Comajora*. Mittlerweile gibt es eine ganze Reihe von ähnlichen Werkstätten, in denen man den Handwerkern oft bei der Arbeit zuschauen kann. Die Qualität der Modelle ist generell sehr hoch. Sie werden nach historischen Bauplänen aus Tausenden von Teilen in Hunderten von Stunden zusammengesetzt, trotzdem sind die Preise niedrig; sie beginnen bei weniger als 50 Euro, schon für 250 Euro bekommt man hervorragende Stücke. Es stehen Dutzende von historischen Schiffen in allen Größen zur Auswahl, von der Wasa bis zur Gorch Fock. Das umfangreichste Angebot gibt es in den Fabriken *Comajora (La Brasserie Road, Forest Side, Mo–Sa 10–17 Uhr, Tel. 676/53 45)* und *Historic Marine (Zone Industrielle de St. Antoine, Goodlands, Mo–Fr 9–16 Uhr, Tel. 283/93 04)*.

Für die Arbeit am Schiffsmodell braucht man eine ruhige Hand

Schmuck

Obwohl auf Mauritius keine Diamanten gefunden werden, hat sich das Schleifen eingeführter Edelsteine als ertragreiches Geschäft erwiesen. Einige Fabriken haben Verkaufsräume eingerichtet, in denen Touristen für den Export hergestellten Schmuck zollfrei einkaufen können. Die Ware erhält man unmittelbar vor der Abreise am Flughafen. Die bekanntesten Diamantschleifereien und Juweliere sind *Adamas Caunhye Bijoux* und *Poncini*. Alle haben mehrere Filialen in Hotels und großen Einkaufszentren. Markenuhren, Goldschmuck und Diamanten werden zollfrei verkauft, die Ware erhält man unmittelbar vor der Abreise am Flughafen. Die Werkstatt der Diamantenschleiferei *ATVA Gems* in Bonne Terre, Vacoas, kann besichtigt werden.

Textilien

Die Textilfabriken der Insel produzieren vor allem Massenware für den Export: Hemden, T-Shirts, Sport- und Strandkleidung, aber auch elegante Anzüge und Kostüme. Um fehlerhafte Ware schnell ersetzen zu können, werden mehr Teile hergestellt, als bestellt worden sind. Was übrig bleibt oder kleine Fehler aufweist, wird an fliegende Händler abgestoßen landet auf Märkten oder geht an kleine Läden. So kommt es, dass man auf Mauritius sehr günstig modische Ware findet, die bei uns erst später angeboten wird.

Fabrikverkauf:

T-Shirts und Pullover erhalten Sie bei der *Knitwear-Boutique* in Floréal; hochwertige Konfektionsware gibt es bei *Corona Clothing* in Curepipe; Restposten von mehr als 50 Fabriken werden im *Phoenix Factory Shop* angeboten. Kaschmir und edle Strickwaren erhält man im *Shibani Centre* bei Floréal oder in den vielen Filialen des Unternehmens. Die Boutiquen der Gruppe *Tara* verkaufen hochwertige Pullover und Wollartikel zu günstigen Preisen.

Einkaufszentren

Auf Mauritius gab es in den vergangenen Jahren einen Boom an Shoppingkomplexen. Das beste Angebot findet man in *Grand Baie* am Sunset Boulevard. Entlang der Autobahn und rund um die Städte Rose Hill, Quatre Bornes, Phoenix und Curepipe entstanden moderne Einkaufsmöglichkeiten mit großen Parkplätzen, Flanierzonen, jeder Menge Schnellimbissangeboten und eleganten Geschäften. Zu den beliebtesten gehören das *Orchard Centre* in der St. Jean Road in Quatre Bornes, das *Phoenix Commercial Centre* in Phoenix, die Arcades Curimjee in Curepipe und die *Galleries Evershine* in Rose Hill.

Das beste Flair haben die *Caudan* und *Port Louis Waterfront* im alten Hafen von Port Louis. Alle großen Firmen haben hier eine Filiale, auch im *Happy World House* befinden sich elegante Boutiquen.

Märkte

Sehr preiswert kauft man auf Märkten. Dort gibt es vor allem Lebensmittel, aber auch Kleidung, Stoffe, Hüte, Körbe, Geschirr und Schuhe. Bei Lebensmitteln ist Handeln nicht üblich, alle anderen Preise sind diskutabel.

Märkte:

Abercrombie: Di, Do und Sa
Centre de Flacq: Mi und So
Curepipe: Mi und Sa
Goodlands: Di und Fr
Mahébourg: Mo
Quatre Bornes: Do und So, (Kleidermarkt), reiner Gemüsemarkt Mi und Sa

Compact Discs und Kassetten

CDs sind verhältnismäßig teuer; preiswert sind bespielte Kassetten (40–50 Rupien). Eine sehr gute Auswahl bieten die Musikläden im *Happy World House* sowie im Einkaufszentrum *Caudan Waterfront*, Port Louis, und im *Orchard Centre*, Quatre Bornes.

Briefmarken

Dem Ruf ihrer berühmten Marke verpflichtet, gibt die Post farbenfrohe Sondermarken mit Motiven der Inselwelt heraus. Briefmarken sind auch im Postmuseum in Port Louis erhältlich.

Exotische Blumen

Frischer geht es kaum: Die herzförmige Anthurie ist ein beliebtes Mitbringsel. Man bestellt sie telefonisch bei *Sun Souvenir (Tel. 637/37 84)* und erhält am Flughafen seinen Strauß in einer flugtauglich verpackten Kiste.

Feste, Events und mehr

Barfuß durchs Feuer, Nadeln durch die Zunge

Das Rassen- und Religionsgemisch der mauritischen Bevölkerung aus Hindus, Christen, Buddhisten und Taoisten macht

Tamilisches Thai-Poosam-Fest

sich auch in der Zahl der Feste bemerkbar: Es gibt viele gesetzliche Feiertage. Durch die unterschiedlichen Religionsgruppen fallen die wenigsten Feste auf gleich bleibende Daten, sie »wandern« zum Teil sogar durch das Jahr. Erkundigen Sie sich deshalb, wann sie in Ihrem Reisejahr gefeiert werden.

Feste Daten

1. und 2. Januar *Neujahr;* **1. Februar** *Tag der Sklavenbefreiung;* **12. März** *Tag der Unabhängigkeit von Großbritannien;* **1. Mai** *Tag der Arbeit;* **9. September** *Père-Laval-Tag;* **1. November** *Allerheiligen;* **2. November** *Gedenktag für die ersten indischen Immigranten (1835);* **25. Dezember** *Weihnachten*

Wechselnde Daten

Januar/Februar

★ *Cavadee:* Das hinduistische Fest ist das spektakulärste, furchterregendste Inselfest. Nach vielen Wochen des Fastens und Meditierens stechen sich die Tamilen am Tag der Prozession Nadeln durch Gesicht, Zunge, Brust und Rücken. Angestrengt tragen sie das bunt dekorierte *cavadee*. An zwei Seiten eines Bogens baumeln Milchtöpfe, aus denen nichts verschüttet werden oder gerinnen darf.

Chinesisches Neujahrsfest: Chinesische Familien schmücken das ganze Haus mit der Glücksfarbe Rot. In den Pagoden werden Opfergaben aufgestellt, in den Straßen finden Umzüge statt und Feuerwerkskörper knallen.

Februar

Id-al-Ada: Die Muslime gedenken Abrahams, der bereit war, seinen

Sohn Isaak zu opfern. Symbolisch werden nach den Gebeten in der Moschee Lämmer und Schafe geopfert.

Februar/März

Maha Shivaratree: Bei diesem größten Hindufest außerhalb Indiens zu Ehren des Gottes Shiva ziehen mehr als 300 000 weiß gekleidete Hindus zum heiligen Kratersee Grand Bassin, um dort rituelle Waschungen vorzunehmen und Opfer zu bringen.

März

Holi: Das hinduistische Fest 14 Tage vor dem indischen Neujahr geht auf die Legende vom Prinzen Pralad zurück, der ein Freudenfest feierte, als seine böse Tante Holika im Feuer ums Leben kam. Die Menschen werfen Strohpuppen auf Scheiterhaufen und bespritzen sich gegenseitig mit Farbe.

August/September

Ganesh Chaturthi: Indisches Fest zu Ehren des Geburtstags des elefantenköpfigen Gottes Ganesh

September

★ *Père-Laval-Tag:* Am 9. September pilgern Einheimische aller Konfessionen zur Kirche Sainte Croix, der Grabstätte des Nationalheiligen, der sich aufopferungsvoll um Arme und Sklaven gekümmert hat.

Oktober/November

Divali: Beim hinduistischen Lichterfest stehen vor jedem Haus Öllampen und verwandeln die Insel in ein Märchenland aus flackernden Lichtern.

November/Dezember

Ganga Asnan: Hinduistisches Fest am Meeresufer. Da der Ganges in den Indischen Ozean mündet, reinigt ein Bad im Meer und gibt neue Kraft.

Id-al-Fitr: Islamisches Familienfest zum Abschied vom Fastenmonat Ramadan

Teemeedee (Marche sur le Feu): Tamilisches Fest, das das ganze Jahr über auf der Insel gefeiert wird, hauptsächlich zwischen November und Februar: Höhepunkt ist der Lauf über glühende Kohlen.

Hindufest Maha Shivaratree

Spaziergänge unter Wasser und Kneipenbummel

Kein Teil der Insel ist besser auf Urlauber eingestellt als der Norden. Hier gibt es sogar ein Nachtleben

Der Norden, auf den Wegweisern der Autobahn tatsächlich »The North« genannt, beginnt dort, wo die Vororte von Port Louis enden. Bereits ein flüchtiger Blick auf die Karte lässt erkennen, dass die Region flach und vergleichsweise spärlich besiedelt ist. Selbst Städte wie Triolet, Goodlands und Pamplemousses bestehen nur aus einer Hauptstraße mit Geschäften sowie einer Handvoll kleiner Häuser in den Seitengassen. Der Rest dieser Landschaft ist mit Zuckerrohr bepflanzt. Wie mit dem Lineal gezogen führen die Landstraßen und Feldwege zwischen den Pflanzungen hindurch. Wer hier zwischen März und September unterwegs ist, fährt kilometerweit durch grüne Stängel und Blätter.

Der Norden ist das touristisch am besten erschlossene Gebiet. Denn die Strände und Buchten sind hier besonders schön, die Sonne scheint den ganzen Nachmittag vom Meer her und der Sonnenuntergang über dem Ozean ist kaum irgendwo besser zu sehen. Die Entscheidung, den Fremdenverkehr gerade hier auszubauen, dürfte aber vor allem mit dem Wetter zu tun gehabt haben, denn dieser Teil der Insel ist besonders niederschlagsarm. Die Wolken aus dem Osten und Südosten regnen sich bereits über dem Hochland aus; und die Wolken aus dem Nordwesten ziehen ungehindert über das flache Land. So müssen hier die Zuckerrohrfelder sogar aufwändig bewässert werden.

Zentrum des Tourismus ist die Ortschaft Grand Baie, die an einer türkisfarbenen Bucht liegt. Yachten und Fischerboote dümpeln in dem großen natürlichen Hafenbecken. An der Hauptstraße liegt ein Lokal

Riesige Seerosenblätter im Botanischen Garten von Pamplemousses

Freundliche Reiseleiterinnen

neben dem anderen, in Stichstraßen sind um kleine Plätze Boutiquen und Andenkenläden gruppiert. In den letzten Jahren wurden mehrere Einkaufszentren gebaut, darunter die bis ans Ufer reichende Einkaufszone Sunset Boulevard mit schönen Cafés und eleganten Boutiquen. In ähnlichem Stil sollen jetzt weitere Teile der Ortschaft umgestaltet werden, um sie für Touristen noch attraktiver zu machen.

GRAND BAIE

[114 B–C 2–3] Grand Baie gilt wegen der schönen Bucht, der kleinen Boutiquen, der vielen Restaurants und des Yachthafens als die Côte d'Azur von Mauritius. Die Menschen kommen nicht nur zum Faulenzen hierher, sondern um etwas zu erleben. Bummeln, einkaufen, ausgehen, schlemmen und Sport treiben – Grand Baie hat die beste touristische Infrastruktur aller Ferienorte auf der Insel. Hier ist das Zentrum der mauritischen Gastronomie, und auch das Nachtleben spielt sich hauptsächlich in Grand Baie ab. Wegen der besonders schönen Bucht ist der Ort auch Zentrum des Segel- und Wasserskisports. Die Läden und Büros der Ausstatter liegen direkt am Yachthafen. Sie bieten neben dem Verleih von Ausrüstungen auch Ausflugsfahrten zu den vorgelagerten Inseln und Touren mit Glasbodenbooten über die Korallenriffe an. Besichtigungen im Ort beschränken sich auf zwei farbenfrohe Hindutempel.

ESSEN & TRINKEN

Junge Leute gehen auf einen Drink ins *Banana* (auch Kneipe) und anschließend ins *Café de la Plage* am Sunset Boulevard oder ins In-Restaurant *Don Camillo.*

Die Côte d'Azur von Mauritius: Strand bei Grand Baie

MARCO POLO Highlights »Der Norden«

★ **Botanischer Garten**
Ein Paradiesgarten. Man verirrt sich zwischen Palmenwäldern und Seerosenteichen (Seite 35)

★ **Ilot Gabriel**
Die kleine Insel hat traumhafte Strände und ist auch bei Schnorchlern beliebt (Seite 33)

★ **Shivalah-Tempel**
Der größte Hindutempel der Insel mit bunt bemalten Götterfiguren (Seite 40)

★ **Tauchen**
Hugue Vitry führt in das Revier der Haie (Seite 41)

★ **Le Pescatore**
Wirklich das beste Restaurant der Insel? Probieren Sie es aus! (Seite 40)

Insider Tipp

Le Capitaine
Erstklassige Küche mit hervorragenden Meeresfrüchten. Blick auf die türkisfarbene Bucht. *Tgl. 11–24 Uhr, Royal Road, Tel. 263/68 67,* €€€

Ilona Café
Typisch mauritisches Restaurant mit hübscher, kleiner Terrasse. Freundlicher Service, gute Menüauswahl, bei Gästen und Einheimischen sehr beliebt. *Mittags- und Abendtisch, Royal Road, Tel. 263/61 58,* €

Palais de Chine
Von den vielen chinesischen Restaurants das beste und dazu nicht einmal teuer. Jacques Chirac und der schwedische König haben hier gespeist. Spezialität: Taschenkrebs. *Mo–Sa 12–15 und 18.30–22.30 Uhr, So und feiertags nur abends, Royal Road, Tel. 263/71 20,* €€

Sakura
Das beste japanische Restaurant im Norden der Insel. Sushi, Sashimi und japanisches Fondue. Freundlicher Service. *Tgl. 12–14.30 und 18.30 bis 22.30 Uhr, Reservierung empfohlen. Galerie Dabee, Tel. 263/80 92,* €€–€€€

Le Tanjore
Indisches Lokal. Gute Küche. Viele Einheimische. *Tgl. 12–15 und 19 bis 23 Uhr, Sa Ségashow, Royal Road, Tel. 263/60 30,* €–€€

EINKAUFEN

Die kleinen Läden und Boutiquen entlang der Royal Road wenden sich in erster Linie an ein jugendliches Publikum. Es wird eine riesige Auswahl an Strand- und Freizeitbekleidung angeboten.

Bazar de Grand Baie
Versteckt in den kleinen Gassen hinter der Royal Road (auf Höhe des Restaurants La Jonque biegt man ins Landesinnere ein) liegt ein kleiner Markt mit einer Vielzahl an Ständen für Obst, Gemüse, Beklei-

dung, modische Accessoires, Souvenirs und anderen Schnickschnack. *Tgl. 9–17 Uhr*

Grand Baie Centre Commercial
Moderne Geschäfte, ein Internetcafé, eine Apotheke, ein Schlüsselservice und ein Kinderspielplatz gruppieren sich rund um einen gut ausgestatteten Supermarkt.

Grand Baie Store
Einkaufszentrum mit Boutiquen, einem Ausrüster für Tauchsport, einem Supermarkt und dem guten chinesischen Restaurant *Hong Kong Palace. Royal Road, direkt an der Bucht, Mo–Sa 7.30–19, So und Feiertage 7.30–12 Uhr*

Karl Kaiser
Hochwertige Designerkonfektion. Anzüge nach Maß können angefertigt werden. *Sunset Boulevard, Mo bis Sa 10–19 Uhr*

Le Poisson d'Amour
Antiquitäten aus aller Welt. Sehenswert! *Tgl. außer So 10–13 und 14.30–19 Uhr, Royal Road am südl. Ortsausgang*

Insider Tipp **Sunset Boulevard**
Einkaufspassage mit Flair und erstklassigen Geschäften, die überwiegend Bekleidung verkaufen. Alle großen Firmen haben hier Filialen. Schöne Cafés am Ufer der Bucht. *Royal Road, Mo–Sa 9.30–18 Uhr, So nur teilweise geöffnet*

ÜBERNACHTEN

Le Canonnier
Die lebhafte, schöne Anlage rund um den historischen Leuchtturm (darin befindet sich der tolle Miniclub) liegt auf einer Halbinsel. Drei kleine Strände, großer Pool, breites Sportangebot. *248 Zi., Pointe aux Canonniers, Tel. 209/70 00, Fax 263/78 64, www.beachcomber-hotels.com,* €€–€€€

Le Mauricia
Lebhafte, familienfreundliche Anlage mit schönem Sandstrand in unmittelbarer Nähe des Ortszentrums von Grand Baie. Großes Unterhaltungs- und Sportprogramm, Miniclub, Diskothek, Beautysalon, Einkaufs- und Konferenzzentrum. *197 Zi., Grand Baie, Tel. 209/11 00, Fax 263/78 88, www.beachcomber-hotels.com;* €€€

Merville Beach Hotel
Herrlicher Strand an geschützter Bucht am nördlichen Ende von Grand Baie. Die schönsten Zimmer sind in den strohgedeckten Chalets und dem »Garden-Court«-Gebäude. *169 Zi., Tel. 263/86 21, Fax 81 46, www.naiade.com,* €€

Ocean Lake Hotel
Zentral, sauber. *20 Zi., Royal Road, Tel. 263/70 60, Fax 89 92,* €

Le Royal Palm
Kein Hotel, sondern eine Lebenseinstellung. Pure Eleganz, geschmackvolle Dekoration, luxuriös bis ins Detail – das exklusivste Haus der Insel. Wunderschöne Bar auf Klippen mit Blick über das türkisfarbene Meer, neuer Beauty- und Massagebereich. *57 Zi., 27 Suiten, Tel. 209/83 00, Fax 263/84 55, www.beachcomber-hotels.com,* €€€

Veranda Bungalow Village
Direkt am Yachtclub, ca. 15 Gehminuten vom Zentrum. Kleine

Innenhöfe, viel Grün, private Atmosphäre. Tauchbasis (Padi-Kurse, *Tel. 263/80 16*). *62 Zi., Tel. 263/80 15, Fax 73 69, €–€€*

FREIZEIT & SPORT

Baden

Die Bucht von Grand Baie liegt voller Schiffe. Baden kann man nur an den Stränden der Hotels und am kleinen, beliebten Strand *La Cuvette* neben dem Hotel Le Royal Palm. Weite Strände findet man im Norden und Süden der Stadt, etwa *entlang der Straße nach Péreybère* oder an der *Pointe aux Canonniers* (10–15 Minuten mit dem Bus) und in Richtung *Trou aux Biches.*

Schnorcheln

Insider Tipp

Besonders schöne Schnorchelreviere findet man zwischen den vorgelagerten Inseln *Ile Plate* und ★ *Ilot Gabriel.* Katamarane organisieren Ausflüge hierher, zu denen meist auch ein Mittagessen an Bord gehört. *Croisières Australes, Tel. 674/36 95*

Segelausflug

Tageskreuzfahrten auf dem Windjammer »Isla Mauritia« zu Schnorcheltouren mit Strandpicknick und Séga-Tanz. *Grand Bay Travel Tours, Royal Road, Mo–Fr 8.45–17.30 Uhr, Tel. 263/87 71*

Tauchen

Zu den Tauchrevieren des Nordens, beispielsweise *Pointe Vacoas,* dem *Aquarium* oder *Flat Island,* organisieren mehrere Tauchstationen Ausflüge. *Club Nautique, Grand Baie, Tel. 263/99 90, Aquatic Dream, Grand Baie, Tel. 263/90 96 sowie die Tauchschulen der Hotels*

Der Himmel als Vorbild

Nicht nur Fremde – auch Mauritier sind in ihre Insel verliebt

Den Vergleich von Mauritius mit dem Himmel gebraucht nicht nur das Fremdenverkehrsamt, er ziert auf der Insel sogar das Etikett der populärsten Rumsorte. Dabei wird der Satz als Zitat Mark Twains ausgegeben. Tatsächlich hat der amerikanische Autor ihn niedergeschrieben, liest man ihn jedoch im Zusammenhang, wird deutlich, dass sich die Bewohner der Insel das Kompliment selbst gemacht haben. »Es ist das einzige Land der Welt«, schreibt Twain in dem Buch Following the Equator, »wo der Fremde nicht gefragt wird: Wie gefällt es Ihnen hier? Das ist wirklich ein großer Vorzug. Hier bestreitet der Bürger selbst das Gespräch über sein Land; der Fremde wird nicht zur Unterstützung aufgefordert. Man bekommt alle möglichen Auskünfte. Der eine Einwohner vermittelt einem die Vorstellung, zuerst sei Mauritius geschaffen worden und dann der Himmel; und zwar der Himmel nach dem Vorbild von Mauritius. Ein anderer sagt, das sei eine Übertreibung.«

Der Indische Ozean ist ein Paradies für Taucher

Unterwassergondel
Aus der Glaskabine schaut man ins Meer, ohne wirklich abzutauchen. *Ca. 140 Euro, Le Nessee, Croisières Australes, Royal Road, Tel. 674/36 95 oder 465/74 54 (Mauritours)*

Wassersportzentrum
Außerhalb der großen Hotels bietet *Centre Nautique de Grand Baie* an der Royal Road *(gegenüber des Grand Baie Store, Tel. 263/80 17)* alle erdenklichen Sportarten rund ums Wasser an, darunter Unterwasserspaziergänge, Wasserski und Tauchen.

AM ABEND

Bars und Lokale
Die meisten Bars und Lokale in Grand Baie sind allabendlich gut besucht. Das jugendliche Publikum trifft sich in den Bars und Diskotheken, die bis spät in die Nacht geöffnet sind. Die Cocktaillisten sind gewöhnlich länger als die Speisekarten. Zu den populären Treffpunkten zählen das *Banana Café, Don Camillo* und das *Café de la Plage* mit schöner Terrasse direkt an der Bucht von Grand Baie. Hier gibt es gute Eisbecher, Salate und kleine Gerichte sowie leckere Cocktails. Beliebt sind auch die kleine *Bambou Bar* im Ortszentrum und die Bar der *Stardance Diskothek* am nördlichen Ortsausgang. Alle Bars und Kneipen öffnen am Spätnachmittag und schließen, wenn der letzte Gast geht.

Stardance
Die neue Diskothek am nördlichen Ortsausgang von Grand Baie lockt mit ihrer großen Leuchtreklame Einheimische und Gäste hierher und ist vor allem am Wochenende gut besucht. Zu einer Mischung aus Techno, Pop und Rock mit seltenen Séga-Einlagen durchtanzt das jugendliche Publikum hier die Nächte. In der dazugehörigen Bar geht es kaum ruhiger zu. *Royal Road, Tel. 263/38 80*

Zanzibar
Kultdiskothek im Ortszentrum von Grand Baie, die in den letzten Jahren nie an Beliebtheit verloren hat und auch in der Nebensaison jeden Abend gut besucht ist. Nach einem exotischen Cocktail im *Banana Café* verschwinden die Tanzfreaks im Kellergewölbe, wo bis in die frühen Morgenstunden Highlife angesagt ist. Techno, Dance und Diskomusik, gelegentlich auch Reggae. *Royal Road (neben der Tankstelle), tgl. ab 22 Uhr, Eintritt frei, Tel. 263/85 40*

AUSKUNFT

Grand Bay Travel
Vermittelt Touren über die Insel, informiert aber auch über Ausflugs-

möglichkeiten: Tagesausflug zur Ile aux Cerfs, Tagesausflug in den Südwesten der Insel oder nach Port Louis im Katamaran. Auch Hubschrauberflüge über die Insel sind hier buchbar. *Mo–Fr 9–18 Uhr, Royal Road, im Stadtzentrum, Tel. 263/87 71, Tel./Fax 82 73, Preise auf Anfrage*

ZIEL IN DER UMGEBUNG

Goodlands **[115 D3]**
Die typisch mauritische Kleinstadt Goodlands besteht aus einer überfüllten Hauptgeschäftsstraße, von der Gassen in Wohngebiete abzweigen. Die Läden stellen ihr Sortiment zum Teil auf den Gehsteigen zur Schau, der am Mittwoch und Samstag jeweils vormittags stattfindende Obst- und Gemüsemarkt ist sehr belebt. Er liegt am östlichen Ortsausgang. Kaum ein Tourist verliert sich hierher, höchstens um die gegenüber gelegene Fabrik *Historic Marine* zu besuchen, in der seit 1982 qualitativ sehr hochwertige Schiffsmodelle hergestellt werden. Man kann den Handwerkern bei der Verarbeitung der edlen Materialien zuschauen *(Mo–Fr 8–17 Uhr)*, der dazugehörige Verkaufsraum ist auch samstags geöffnet *(Sa 8 bis 12 Uhr). Historic Marine, Goodlands, Tel. 283/93 04, Eintritt frei*

PAMPLEMOUSSES

[114 B–C5] Das Provinzstädtchen liegt eine halbe Autostunde nordöstlich von Port Louis. Seine historische Bedeutung zeigt sich darin, dass hier die älteste Kirche der Insel steht. Heute haben sich Kleinindustrien angesiedelt, außerdem hat der Ort das größte staatliche Krankenhaus. Das Stadtbild wird den Superlativen nicht gerecht. Die Hauptstraßen bieten die übliche Kette von Läden, Bars und Schnellküchen. Gäbe es nicht den botanischen Garten, Pamplemousses wäre kaum der Rede wert.

SEHENSWERTES

Botanischer Garten
★ Dass aus seinem Gemüsegarten eines Tages ein königlicher botanischer Garten und die Hauptsehenswürdigkeit von Mauritius werden soll, hätte sich Gouverneur Mahé de Labourdonnais 1735 sicher nicht träumen lassen. Pierre Poivre dagegen, Geschäftsmann und Berater des Gouverneurs, der 1770 die Aufsicht über die Anlage übernahm, hatte von Anfang an Großes im Sinn: Er wollte Mauritius zu einer Gewürzinsel machen, das Gewürzmonopol der Holländer brechen und die ganze Welt mit den Waren aus seinem Garten beliefern. Auch Orchideen und Zierpflanzen züchtete er nur, um sie zu exportieren. Heute dient der Park der Erholung und der Bildung. Obwohl nur wenige Quadratkilometer groß, fehlt kaum eine Pflanze, die in tropischen Gebieten gedeiht. Es empfiehlt sich, einen der vielen Führer anzuheuern, die Wissenswertes und Amüsantes über die Pflanzen und deren Nutzen erzählen können. Die einstündige Führung kostet 50 Rupien pro Person. Es gibt ein Gehege mit Riesenschildkröten, eine alte Zuckermühle, das Schloss »Mon Plaisir«, eine Kolonialvilla aus dem Jahr 1777 und das schmiedeeiserne Eingangstor, das auf der Weltausstellung im Kristallpalast

von London 1862 mit einem ersten Preis ausgezeichnet wurde. An Wochenenden kommen viele Einheimische zum Picknick. *Tgl. 8.30 bis 17.30 Uhr, Eintritt frei*

Kirche Saint François d'Assise
Das erste Gotteshaus, das auf Mauritius errichtet wurde. Die Kirche mit der schlichten Fassade und dem beeindruckenden Gebälk im Längsschiff wurde 1756 gebaut, noch ehe der Ort gegründet war. Das Pfarrhaus aus dem Jahr 1737 gilt als das älteste Gebäude der Insel. Sehenswert ist auch der alte Friedhof gegenüber.

ESSEN & TRINKEN

Insider Tipp

Café Wiener Walzer (Valse de Vienne)
Im Gartencafé Wiener Walzer kann man bei einem Stück Sacher- oder Schwarzwälder Kirschtorte eventuelle Heimwehgefühle kurieren. Eine gute Tasse Kaffee oder ein Eis runden das Vergnügen ab. Außerdem gibt es kleine Gerichte. *Powder Mill Road, hinter der Kirche, tgl. 9–20 Uhr, Tel. 243/05 60, €*

Le Plaisir de Poivre
Gegenüber dem Garten gelegenes Restaurant mit zur Straße hin offenem Speiseraum. Kreolische und europäische Küche. *Tgl. 12–14 Uhr, Royal Road, Tel. 243/85 29, €*

EINKAUFEN

Nautica Co. Ltd.
Bei Nautica Co. Ltd. kann man auch bei der Herstellung der Segelschiffmodelle zuschauen. *Royal Road, hinter dem botanischen Garten*

PÉREYBÈRE CAP MALHEUREUX

[114 C2] Der kleine Badeort Péreybère liegt nur wenige Kilometer nördlich von Grand Baie an einer kleinen Bucht. Mit dem Bus, der bis Cap Malheureux weiter fährt, braucht man hierher nur 5 Minuten. Wegen des schönen Badestrandes ist die Bucht bei Einheimischen und Gästen sehr beliebt. Auf dem Platz vor dem Strand flattern bunte T-Shirts, Badetücher und andere Souvenirs im Wind, daneben bieten kleine Restaurants einen Tisch im Schatten der Filaobäume. Der Ort ist ruhiger als Grand Baie, ein paar kleine, meist einfache Hotels und viele Apartments bieten Zimmer an, die besonders bei Familien, Rucksacktouristen und jungen Leuten beliebt sind. Einige Kilometer weiter liegt Cap Malheureux. Das »Unglückskap« ist der nördlichste Punkt der Insel. Bei klarem Wetter blickt man bis zu den kleinen Inseln *Coin de Mire, Ile Plate* und *Ile Ronde* mit ihren steilen Felsen. Hier ist die Küste rau und karg mit scharfkantigen Felsen. Ob das Kap seinen Namen wegen der verunglückten Schiffe erhielt oder wegen des Sieges der Engländer, die von hier aus nach Port Louis vordrangen, ist nicht geklärt. Privatvillen entlang der Küste versperren den Blick aufs Meer. Nur direkt am Kap kann man das Panorama genießen, beim kleinen Friedhof und der weiß gestrichenen *Holzkirche Église de Cap Malheureux,* die durch ihr leuchtend rotes Ziegeldach auffällt. Schräg gegenüber liegt ein kleines Restaurant mit guter Küche

Vom Beginn der Kolonialzeit: die Église de Cap Malheureux

und drei Apartments. *Le Coin de Mire, Tel. 262/80 70,* €

ESSEN & TRINKEN

Julie's Club
Beliebte Bar mit guter Cocktailauswahl. Gelegentlich gibt es einen Karaokeabend. Tgl. *16–1 Uhr*

Insider Tipp **Nirvana**
Bestes indisches Restaurant im Norden der Insel mit Tandoori-Spezialitäten. Reservierung erforderlich. *Mo–Sa 12–14 und 19–22 Uhr, Royal Road, Tel. 262/67 11,* €€

Chez Roland – L'Auberge des Songes
Kreolisches Spezialitätenrestaurant mit Garten im Inselinnern (großes Hinweisschild am südlichen Ortsausgang von Péreybère). Bei Gästen und Einheimischen beliebt. *Tgl. 12 bis 14 Uhr, abends nur auf Reservierung, Tel. 263/83 26,* €–€€

ÜBERNACHTEN

Côte d'Azur
Kleines, mauritisches Hotel direkt im Zentrum von Péreybère gegenüber des öffentlichen Strands. Zimmer und Apartments zum Hof sind ruhiger. *18 Zi., Royal Road, Tel. 263/81 65, Fax 63 53,* €

Kuxville Beach Cottages und Serendip
Bungalowanlage an geschützter Bucht mit herrlichem Blick auf die vorgelagerten Inseln. Kleiner Strand. Ideal für Familien. Die Serendip Bungalows liegen jenseits der Küstenstraße. Deutsche Tauchbasis. *26 Bungalows, Cap Malheureux, Tel. 262/79 13, Fax 74 07, www.kuxville.de,* €

Paradise Cove Hotel Insider Tipp
Die Zimmer und Suiten liegen um eine künstlich geschaffene Lagune. Katamaranexkursion und Unterwassergang sind im Übernachtungspreis eingeschlossen. Gute Küche, ruhige Lage. *67 Zi., Anse La Raie, Cap Malheureux, Tel. 204/40 00, Fax 40 40, www.paradisecovehotel.com,* €€€

FREIZEIT & SPORT

Segeltour auf dem Katamaran
Ferien an Bord bietet *Terres Oceanes* auf einem hochmodernen Kata- Insider Tipp

Schönes Wetter, harte Arbeit: Fischer am Cap Malheureux

maran an. Die erfahrene Crew bietet Segelferien mit Übernachtung an Bord, Tauchkurs und Besuch der vorgelagerten Inseln *Coin de Mire, Ile Plate, Ilot Gabriel* sowie einiger Küstenstädte an. Maßgeschneidertes Programm, guter Service und Komfort. *Informationen und Preise unter Tel. 269/07 95 oder 251/92 55, terresoceanes@intnet.mu*

POINTE AUX PIMENTS

[114 A4] Mehrere Luxushotels breiten sich hier entlang der feinsandigen Strände bis zur Bucht von Balaclava an der Küste aus. Der Sonnenuntergang ist von hier besonders schön zu beobachten, nachts sieht man in der Ferne die Lichter von Port Louis sich auf dem Meer spiegeln. In der Bucht an der Mündung der *Rivière Citron,* die auch *Baie aux Tortues* genannt wird, liegen wunderbare Schnorchelgebiete. Das Korallenriff unweit des Strandes ist leicht erreichbar. Die verbleibenden Gebäude sind teilweise in die Hotelanlagen integriert worden. Ansonsten gibt es kaum Infrastruktur.

ESSEN & TRINKEN

Soleil Couchant
Einfach, aber gut. Curry-Spezialitäten. *Tgl. 9–15 und 18–22 Uhr, Royal Road, Pointe aux Piments, Tel. 261/67 86, €*

ÜBERNACHTEN

Maritim Hotel
Großzügige Anlage an der Turtle Bay, einem Naturschutzpark. Publikum: gehobene Klasse; vor allem Briten und Deutsche. 9-Loch-Golfkurs (Par 29, 2502 m). Gemütliche Bar zwi-

schen Pool und Meer, hervorragendes Feinschmeckerrestaurant. *180 Zi., Balaclava, Tel. 204/10 00, Fax 10 20, www.maritim.de, €€€*

The Oberoi
Auf dem großen Gelände des neuen Luxushotels verteilen sich elegant eingerichtete Zimmer und Bungalows. Privatsphäre, Exklusivität und perfekter Service gehören dazu. *76 Zi., Turtle Bay, Tel. 204/36 00, Fax 36 25, www.oberoi.com, €€€*

La Plantation
Wasser, wohin Sie auch blicken: Selbst das Restaurant steht im Swimmingpool. *276 Zi., Turtle Bay, Balaclava, Tel. 204/30 00, Fax 261/29 90, €€–€€€*

Radisson Plaza
Die große Anlage ist für ihr modernes Konferenzzentrum bekannt und erinnert an ein internationales Businesshotel der Luxusklasse. Professioneller Service, weitläufiger Pool und schöner Strand gehören dazu. Urlauber aller Nationalitäten genießen die hervorragende Küche des Hauses, das breite Sportangebot, Kasino und Fitnesszentrum. *Pointe aux Piments, Tel. 204/33 33, Fax 33 44, www.radisson.com, €€€*

Spice Garden
Kleine Anlage mit landestypischem Charme. Kleiner und günstiger als die großen Nachbarhotels, heißt sie vor allem Selbstbucher, Familien und junge Paare willkommen. Abends ist es hier eher ruhig. *25 Zi., Pointe aux Piments, Tel. 261/07 41 oder 249/00 77, Fax 249/0917, €*

Le Victoria
Moderne, große Ferienanlage an einem breiten Sandstrand. Buntes Dekor, lebhafte Atmosphäre, Miniclub und großer Pool. Vier gute Restaurants, mehrere Bars, Abendunterhaltung, große Auswahl an Sportarten. *246 Zi., Tel. 204/20 00, Fax 261/82 24, www.beachcomber-hotels.com, €€€*

ZIELE IN DER UMGEBUNG

La-Nicolière-Stausee **[114 C6]** Insider Tipp
Im Inselinnern liegt das Trinkwasserreservoir La Nicolière nahe der Ortschaft Villebague. Von der Straße, die am See entlang Richtung Nouvelle Découverte führt, hat man eine herrliche Aussicht über den ganzen Norden der Insel bis zur Ost- und Westküste. Vielleicht sieht man sogar Affen im dichten Gebüsch der Nicolière Mountains klettern.

Die MARCO POLO Bitte

WWF

Marco Polo war der erste Weltreisende. Er reiste in friedlicher Absicht, verband Ost und West. Er wollte die Welt entdecken, fremde Kulturen kennen lernen, nicht zerstören. Könnte er heute für uns Reisende nicht Vorbild sein? Aufgeschlossen und friedlich sollte unsere Haltung auf Reisen sein. Dazu gehören auch Respekt vor Mensch und Tier und die Bewahrung der Umwelt.

Tempelanlage Shivalah

Shivalah-Tempel [114 B3]
★ Die größte hinduistische Tempelanlage auf Mauritius liegt am nördlichen Ende der Ortschaft *Triolet.* Mit dem Bau des Haupttempels wurde 1891 begonnen, kleine Gebäude kamen hinzu. Sie sind reich mit farbenfrohen Gottheiten verziert. *Shivalah Road*

Freizeit & Sport

Schnorcheln
Durch die Strömungen und den Zufluss klaren Wassers aus dem Fluss Rivière Citron ist das Wasser in der *Baie aux Tortues* wunderbar klar. Aber nicht nur die gute Sicht, auch die große Vielfalt an Korallen, Fischen und anderen Meerestieren versetzt Schnorchler und Taucher in Begeisterung.

Trou aux Biches

[114 B3] Wer von Trou aux Biches spricht, denkt weniger an den kleinen Ort als an den lang gestreckten, wunderschönen Strand. Besonders an Wochenenden ist er Ziel Tausender Ausflügler, vor allem indischer Familien. Am strahlend weißen Sand mag es früher einmal mondän zugegangen sein – verglichen mit den modernen Anlagen jedoch enttäuscht das Ambiente. Viele Besucher kommen, um vom U-Boot aus das Riff zu bestaunen. Schön ist die Fahrt von Trou aux Biches nach *Canonniers* am *Public Beach* entlang.

Essen & Trinken

La Cravache d'Or
Fangfrischer Fisch, Meeresfrüchte und köstliche Fleischgerichte werden direkt am Ufer serviert. Eleganter Rahmen, gute Weinkarte. *Tgl. 12–14 und 19–22.30 Uhr, Royal Road, Tel. 265/70 21, €€–€€€*

Le Pescatore
★ Man sitzt auf einer Veranda in vornehmem Ambiente, direkt am Bootssteg, und genießt den einzigartigen Blick auf das Meer. Von Einheimischen wird Le Pescatore als das beste Feinschmeckerrestaurant empfohlen. *Tgl. 12–14.30 und 19.30–24 Uhr, Route Cotière, Tel. 265/63 37 (Reservierung erforderlich), €€€*

20° Sud
Kleines mauritisches Restaurant mit kreolischer Küche. Der Speiseraum mutet neokolonial an. *Tgl. 12–14 und 19–22.30 Uhr, Royal Road, Tel. 265/61 74, €€*

ÜBERNACHTEN

Casuarina Hotel

Charmante Anlage im Stil eines mediterranen Dorfs rund um zwei Pools. Zimmer und Apartments, durch die Küstenstraße vom Strand getrennt. *93 Zi., 15 Bungalows, Trou aux Biches, Tel. 204/50 00, Fax 265/61 11, casuarina@intnet.mu,* €–€€

Le Grand Bleu

Einfache Zimmer und Apartments, nur 50 m vom Strand. Tauchschule in der Nähe, kleines Restaurant, Bar mit Billardtisch. *50 Zi., Royal Road, Tel. 265/58 12,* €

Trou aux Biches Hotel

Bungalows unter Palmen, schöner Strand. Jungurlauber und Familien. Tauchzentrum und 9-Loch-Golfplatz (Par 31, 1995 m), Kasino. *197 Zi., Tel. 204/65 65, Fax 265/65 30, www.beachcomber-hotels.com,* €€€

FREIZEIT & SPORT

Tauchen

★ Hugue Vitry von der *Blue Water Diving Base* bietet spannende Ausflüge zu alten Wracks und zu der imposanten Steilklippe *Whale Rock*, an, außerdem abenteuerliche Nachttauchgänge oder einen Besuch im *Shark's Pit,* wo sich bis zu 40 Haie tummeln. Ein Tauchgang kostet 750 Rupien einschließlich der Ausrüstung. Auch CMAS-Kurse. *Royal Road, Tel. 265/71 86, Fax 263/69 24*

Insider Tipp

U-Boot-Ausflüge

»Blue Safari 600« und »1100« sind die einzigen U-Boote für touristische Ausflüge im Indischen Ozean. Sie tauchen bis zu 40 m tief zu Riffen und Wracks. *Ca. 120 Euro für Erwachsene, 60 Euro für Kinder. Blue Safari Submarine, Trou aux Biches (neben dem Hotel Coralia Mont Choisy), Tel. 263/33 33, Fax 33 34*

Traumstrand im sanften Licht der Abendsonne

Morbider Charme und hektische Betriebsamkeit

Die Hauptstadt Port Louis ist geprägt vom Nebeneinander der Rassen, Religionen und Kulturen

Karte in der hinteren Umschlagklappe

Port Louis **[117 D–E 1–2]**, die Hauptstadt, ist das Zentrum der Insel. Hier sitzt die Regierung, hier ist der Hafen, hier gibt es kilometerlange Ladenstraßen und einen riesigen Markt, hier findet man Museen, Kirchen und Pagoden, Tempel und Moscheen. Dennoch wirkt Port Louis wie eine quirlige Kleinstadt (170 000 Ew.). Daran ändern auch die modernen und postmodernen Bürohochhäuser nichts, die seit einigen Jahren das Zentrum beherrschen und deren Silhouetten nun mit der bis zu 823 m hohen Bergkette konkurrieren, die als Halbrund die Stadt umfasst und so ihre Ausdehnung bestimmt: ein paar Kilometer längs, ein paar Kilometer quer – wenig genug, um alles zu Fuß erledigen zu können. Länger als ein, zwei Stunden dauert ein Rundgang nicht. Es lohnt sich, zum *Fort Adelaide,* der Zitadelle,

Die Hindus lieben es bunt: der Tempel Tamoul (Minatchee) in Port Louis

Auf dem Zentralmarkt

hinaufzulaufen, von wo aus man die Stadt wunderbar überblickten kann.

Port Louis wurde 1736 von dem französischen Gouverneur Mahé de Labourdonnais gegründet. Er ließ ein Netz rechtwinkliger Straßen anlegen, den Hafen erweitern, das Regierungsgebäude und Forts zur Verteidigung der Insel errichten. Seitdem wurde die Stadt oft durch Brände und Naturkatastrophen zerstört, zuletzt in den 90er-Jahren des 19. Jhs. durch einen besonders heftigen Zyklon. Was dennoch an Kolonialarchitektur erhalten blieb, ist häufig renovierungsbedürftig. Nur in der Nähe des Regierungsgebäudes hat man einen kleinen histori-

Moderne Architektur zwischen Palmen im Zentrum von Port Louis

schen Bezirk restauriert und mit einer Fußgängerzone eingerichtet.

Port Louis ist laut. Tausende von Autos quälen sich durch die engen Gassen, Mopeds knattern, Menschen aller Hautfarben drängen sich auf den viel zu engen Bürgersteigen, auf denen zu allem Überfluss auch noch die Händler ihre Angebote ausbreiten – von Autoersatzteilen über brodelnde Nudelsuppen bis zu Stapeln von Restposten aus den Textilienfabriken, die zu Spottpreisen verschleudert werden. Den ganzen Tag über gleicht Port Louis einem Hexenkessel. Um 18 Uhr schließen die Läden, verschwinden die Menschen. Plötzlich glaubt man sich in einer Geisterstadt.

SEHENSWERTES

Insider Tipp

Champ de Mars [U C–D6]

★ Die Pferderennbahn Champ de Mars ist die Heimat des *Mauritius Turf Club*, der hier zwischen Mai und November jeden Samstag Galopprennen veranstaltet. Er ist – nach Ascot – der zweitälteste der Welt. Bis zu 40 000 Besucher versammeln sich hier, es ist ein Rummel ohnegleichen.

Chinesenviertel [U C–D 2–4]

Dieser Stadtteil zwischen dem Zentralmarkt und Fort Adelaide ist besonders interessant. Viele Häuserreihen stammen aus der Zeit um 1900, und wenngleich die meisten so renovierungsbedürftig sind, dass sie vermutlich kaum noch zu retten sein werden, vermitteln sie doch eine Vorstellung davon, welch glanzvolle Stadt dies einst gewesen sein muss. Im Erdgeschoss der Häuser befinden sich kleine Handwerksbetriebe und Läden. Ihr Angebot reicht von Samt und Seide über Werkzeuge bis zu Früchten und Gewürzen.

Fort Adelaide [U E5]

Das Fort auf dem etwa 100 m hohen *Petite Montagne* wurde 1834 von den Engländern gebaut, die Rückeroberungsversuche der Franzosen befürchteten. Architektonisch bietet die Zitadelle wenig.

Der Innenhof kann nicht besichtigt werden, wird aber bisweilen als Freilichtbühne genutzt. Treppen führen am Ende der Jummah Mosque Street den steilen Hang hinauf, das Fort ist auch mit dem Auto zu erreichen. Oben haben Sie den schönsten Ausblick über Hafen und Stadt.

Kirchen

Wie eine Trutzburg wirkt die katholische Bischofskirche, die *Kathedrale St. Louis* **[U C4]** mit ihren schmucklosen, grauen Wänden und den beiden klobigen Türmen, die auch innen eher schlicht ist *(Church Street, am Kathedralenplatz)*. Hinter der Kirche liegt die bischöfliche Residenz aus dem 18. Jh., die durch ihre große Veranda und den schönen Garten auffällt. Bescheidener eingerichtet ist die im Kolonialstil gebaute anglikanische *Kathedrale St. James* an der *Poudrière Street* **[U B4–5]**

Line Barracks **[U A1–2]**

Der Bau dieser Kaserne begann unter Mahé de Labourdonnais, fertiggestellt wurde sie in den frühen 60er-Jahren des 18. Jhs. Die Gebäude blieben bis 1922 die meiste Zeit unter Obhut der Armee. Seither ist in ihren Hallen das Hauptquartier der Polizei untergebracht. Die Fassade der Anlage ist entlang der Jemmapes Street besonders schön.

Moscheen Insider Tipp

Im Stadtzentrum gibt es zwei große Moscheen. Das Haus an der Ecke *Ramgoolam Street/Eugene Laurent Street* **[U D3]** fällt zwar durch sein

MARCO POLO Highlights »Port Louis«

★ **Champ de Mars**
Insider Tipp
Jahrmarktstimmung im Innern der Rennstrecke mit mehr als nur einem Glücksspiel (Seite 44)

★ **Kalaisson-Tempel**
Die bunte Welt der Hindugottheiten ist in diesem Tempel zu bewundern (Seite 53)

★ **Naturhistorisches Museum**
Blick in die Tier- und Pflanzenwelt der Insel sowie ihre geologische Geschichte. Sogar die Rekonstruktion eines Dodos ist zu sehen (Seite 48)

★ **Caudan Waterfront**
Der moderne Shopping-komplex mit Kasino lohnt auf jeden Fall einen Besuch (Seite 49)

★ **Zentralmarkt**
Nichts, was es nicht gibt – von Heilkräutern und Aphrodisiaka über T-Shirts und Schnitzereien bis zu Korallenfischen und Schafschädeln (Seite 47)

★ **Eureka**
Die Villa ist ihr eigenes Museum. Wer ein Menü bestellt, darf einen Abend lang Hausherr spielen (Seite 53)

hohes Minarett ins Auge, bietet sonst aber nichts Sehenswertes. Die *Jummah-Moschee* **[U D2]** hingegen gleicht mit ihrer orientalisch verspielten Architektur, den vielen Bögen, Säulen und Minaretten, einem kleinen Märchenpalast. Sie wurde zwischen 1850 und 1885 errichtet. Filigranes Dekor schmückt die Räume und den Innenhof, in dem ein Mandelbaum wächst, der schon vor dem Bau dort gestanden haben soll. Frauen und nichtmuslimische Besucher dürfen nur den Vorhof betreten, von dem aus allerdings ein Blick in die Gebetshalle möglich ist. Auch von Männern wird erwartet, dass Arme und Beine bedeckt sind. *Jummah Mosque Street/Royal Street, Sa–Mi 9.30–12 Uhr, nur außerhalb der Gebetszeiten*

Pagoden

Von den drei großen Pagoden der Stadt liegt keine im Geschäftsbezirk des chinesischen Viertels, sie sind vielmehr im Süden der Stadt zu finden, dort, wo die meisten Chinesen wohnen. Das größte dieser Gebäude, die *Lam Soon Tin How Pagode* **[U D6]**, steht direkt an der südöstlichen Seite des Marsfelds, in der *Eugene Laurent Street.* Es ist ein düsteres Haus, beherbergt jedoch einen beeindruckenden Altar mit großen Figuren. Der Tempel *Lim Fad* **[O]** in der *Volcy Pougnet Street,* auch Rue Madame genannt, sorgt mit seinem hohen Tor und den kräftigen Farben für einen Hauch Peking in der sonst blassen Umgebung. Nur zwei Straßen weiter, in der *Justice Street,* steht am südöstlichen Ende von Port Louis die *Thien Thane Pagode* **[O]**. Anmutig erhebt sich dieser Turm mit seinen drei geschwungenen Dächern vor den steilen Wänden der Berge. Durch den vergitterten Zugang blickt man in einen kargen Raum mit Opfergaben. Nur an chinesischen Feiertagen herrscht hier ein reges Treiben.

Die Jummah-Moschee gleicht einem Märchenpalast

Parks

Hinter dem Naturhistorischen Museum liegt der Park *Company Garden* [U B2–3] – nur ein schmaler, üppig bepflanzter Streifen und doch eine grüne Oase inmitten der City. Zwischen Denkmälern, Büsten und Skulpturen bieten Straßenhändler Snacks und Getränke an. Gepflegter ist der Park *Marie Reine de la Paix* (Queen of Peace) [O] am *Signal Mountain,* auf halber Höhe zwischen dem Gipfel und der Stadt, am südlichen Ortsende. Hier hat der Papst bei seinem Besuch 1989 Père Laval heilig gesprochen. Im Schutz einer Marienfigur und eines in den Hang gebauten Altars treffen sich abends und an den Wochenenden viele Menschen und genießen den Sonnenuntergang. Von hier hat man den besten Ausblick auf den modernen Teil der Stadt.

Regierungsgebäude [U C2–3]

Obwohl das Regierungsgebäude *(Government House)* heute nur hin und wieder für repräsentative Zwecke genutzt wird, ist es der Öffentlichkeit nicht zugänglich. An der Fassade erkennt man sofort die opulente Pracht – an Prunk haben die französischen Gouverneure nicht gespart, als sie das Haus zwischen 1729 und 1807 mit immer neuen Stockwerken und Anbauten erweiterten. Kein Gebäude der Insel versinnbildlicht deutlicher die französische Ära. Um so ironischer mutet es an, dass im Hof des U-förmig gebauten Hauses Skulpturen des Gouverneurs Sir William Stevenson und der britischen Königin Viktoria stehen und über den Zaun zur 200 m entfernten Figur von Mahé de Labourdonnais hinüberschauen. Das Haus liegt am Ende der beiden Alleen *Duke of Edinburgh Avenue* und *Queen Elizabeth Avenue.*

Viktoria-Statue in Port Louis

Stadttheater [U C3]

Das 1820–22 errichtete Haus mit der hübschen Fassade gilt als das erste Theater der südlichen Hemisphäre. Im 19. Jh. traten hier bekannte Schauspieler und Musiker auf. Seit seiner Renovierung Anfang 1995 ist es wieder regelmäßig Ort für Aufführungen und Veranstaltungen. Mit dem Museum und der Galerie in der Fußgängerzone gegenüber entstand so ein kleines kulturelles Zentrum. *Gillet Square, hinter dem Regierungsgebäude*

Zentralmarkt [U C–D2]

★ Die kulturelle Vielfalt von Mauritius scheint auf dem *Marché Central* (Central Market) bei der verwirrenden Vielfalt exotischer Waren noch einmal gesteigert. Drei der vier Hallen sind Lebensmitteln vorbehalten, die zum Teil liebevoll geputzt und aufgestapelt sind, zum Teil aber auch erschreckend achtlos

Insider Tipp

über die Tische und den Boden geschmissen werden. In der Fisch- und Fleischabteilung liegen blutverschmierte Hammelköpfe neben leuchtend bunten Korallenfischen herum. Die Abteilung für Schweinefleisch muss man, aus Rücksicht gegenüber den Muslimen, durch eine separate Tür betreten. In der vierten Halle werden Textilien, Lederwaren, Kunsthandwerk und Souvenirs angeboten. Jeder potenzielle Kunde wird zum »Freund« und in die engen Nischen zwischen den meterhohen Regalen gelockt. Die Markthallen wurden um 1840 errichtet, doch durch Brände mehrmals zerstört, zuletzt 1981. Trotzdem erwecken die restaurierten Fassaden, die kopfsteingepflasterten Gassen und die prunkvollen, schmiedeeisernen Pforten ein nostalgisches Bild. Bis zu 40 000 Menschen besuchen den Markt jeden Tag. *Gegenüber der Post zwischen der Schnellstraße (Motorway) und Queen Street, Mo–Sa 6–18, So 6 bis 12 Uhr, die meisten Stände öffnen jedoch erst um 8 Uhr*

MUSEEN

Blue Penny Museum **[U B1]**
An der Caudan Waterfront öffnete Ende 2001 ein neues Museum mit einer Ausstellung rund um die Geschichte und Kunst der Insel. *Caudan Waterfront, Mo–Sa 10–17 Uhr, Eintritt 80 Rupien, Kinder unter 6 Jahren frei*

Insider Tipp **Fotografiemuseum** **[U C3]**
Entstanden aus einer Privatsammlung, gleicht das Museum einem Schatzkästchen voller alter Kameras, Fotos und den Kulissen alter Ateliers. *Mo–Fr 9–15 Uhr, Eintritt 70 Rupien. Am Ende der Fußgängerzone Old Council Street, gegenüber dem Theater*

Naturhistorisches Museum **[U C2]**
★ Das erste spektakuläre Ausstellungsstück des Museums, das offiziell »Mauritius Institute« heißt, steht vor dem Eingang: ein mächtiger Banyan-Baum. Innen werden Flora, Fauna und Geologie der Insel erläutert. Obwohl sehr provinziell hergerichtet, beeindruckt vor allem die Abteilung für Meerestiere, die neben Muscheln, Korallen und präparierten Fischen auch über riesige Wasserschildkröten, einen ausgestopften Hammerhai und einen kleinen Wal verfügt. Die spektakulärsten Stücke des Museums sind das Skelett eines Solitaires, eines Vogels, der auf der Insel Rodrigues gelebt hat, und die gefiederte Rekonstruktion eines Dodos. Alle Ausstellungsstücke sind auf Englisch beschriftet. Die Bibliothek im ersten Stock gilt als das beste Archiv über die Inselwelt des Indischen Ozeans. *Mo, Di, Do, Fr und Feiertage 9–16, Sa und So 9–12 Uhr, die Bibliothek tgl. außer So, Eintritt frei, Royal Road*

Postmuseum **[U C1]**
Zeigt neben Briefmarken aus aller Herren Ländern leider nur eine Kopie der berühmten »blauen Mauritius«. *Mo–Fr 9–16, Sa 9–11.30 Uhr, am Hafen neben dem Post Office, Eintritt frei*

ESSEN & TRINKEN

Le Café du Vieux Conseil **[U C3]**
Eine kleine Oase zum Einkehren. Salatbar, Crêpes, kreolisches Menü.

Mo–Sa 8.30–16 Uhr, Old Council Street, gegenüber dem Theater, €€

La Caféteria
Kleines, einfaches indisches Restaurant mit Lokalkolorit in einem grauen Gebäude schräg gegenüber dem Theater. Oft sehr gut besucht. *Mo bis Fr 12–15 Uhr, Rue du Vieux Conseil,* €

Carri Poulé **[U C2]**
Einfallslose Eleganz, aber gute indische Küche. Spezialitäten: Currys aus dem Wok. *Tgl. außer So 11 bis 15.30 Uhr, Duke of Edinburgh Avenue, Tel. 212/12 95,* €€

Caudan Waterfront **[U B1]**
★ In dem Einkaufszentrum am Hafen finden sich zahlreiche Fastfoodlokale sowie Pubs und einige Spezialitätenrestaurants. Der *Food Court* mit indischen, chinesischen und kreolischen Angeboten ist um eine gemeinsame Sonnenterrasse gruppiert. Er schließt mit den Läden gegen 17.30 Uhr. Die Restaurants und Bars hingegen haben bis in die frühen Morgenstunden geöffnet. Hervorragend sind die Restaurants des Labourdonnais-Hotels.

Le Clos St. Louis **[117 D2]**
Französische und mauritische Küche in kolonialem Rahmen. *Tgl. 12–15 und 19–22 Uhr, Domaine les Pailles, Tel. 212/42 25,* €€€

Indra Restaurant **[117 D2]** Insider Tipp
Ein Hauch von Tausendundeiner Nacht mit Sitzkissen auf dem Boden und Springbrunnen. Das Restaurant bietet indische Küche vom Feinsten. *Tgl. außer So und Feiertage 12–15 und 19–22 Uhr, Reservierung empfohlen, Domaine les Pailles, Tel. 212/42 25,* €€€

Taipan **[114 A5]**
Das schöne Chinarestaurant liegt einige Kilometer nördlich von Port

Den Imbiss zwischendurch gibts auf der Straße

Verkäuferinnen auf dem Markt

Louis direkt am Meer. Empfehlenswert: Pekingente und das Sonntagsbüfett. *Tgl. außer Mo 12–14.30 und 19–0.30 Uhr, Baie du Tombeau, Tel. 247/26 16, €€*

EINKAUFEN

Einkaufszentren

Happy World House **[U C3]**, *37, Sir William Newton Street, Ecke Sir Ramgoolam Street,* ist ein mehrstöckiges Einkaufszentrum in einem Hochhaus; hier gibt es vor allem Konfektionsware.

Deutlich eleganter sind die neuen Einkaufszentren am Hafen *Caudan und Port Louis Waterfront* **[U B1]**. In der aufwändigen, üppig verspielten Architektur zwischen Kolonialstil und Postmoderne sind viele Geschäfte, ein Kasino, mehrere Kinos, ein Hotel sowie zahlreiche Restaurants und Straßencafés untergebracht. Alle führenden Designer von Mode- und Freizeitkleidung der Insel haben hier ihre eigene Boutique. *Mo–Fr 9.30–17.30, Sa 9.30–19, So 9.30 bis 12 Uhr*

Gesundheitstees Insider Tipp

Kein Zipperlein, gegen das nicht ein Kraut gewachsen ist, lautet das Motto der beiden Kräuterhändler auf dem Zentralmarkt **[U C–D2]**, die seit nunmehr fast 50 Jahren nicht nur Teemischungen gegen Gastritis und Asthma, Zellulitis und Hämorrhoiden zubereiten, sondern aus ihren Stapeln von raschelndem Laub und verdorrten Früchten auch ein Aphrodisiakum zaubern. Stolz zeigen die Händler Bestellungen aus aller Welt und die Briefe ihrer genesenen Kunden. *K. G. Naiken; Stand Nr. 460. N. Mootoosamy; Stand Nr. 2 und 3. Die Stände liegen in der Halle für Obst und Gemüse direkt am Eingang zum Hafen hin, Bestellungen und Infos unter www.pages.intnet.mu/jaytisanes*

Märkte

Hinter dem sehr lohnenswerten Zentralmarkt **[U C–D2]** mit bunten Sortimenten stehen der kleine Markt rund um den südlichen Busbahnhof Victoria Station *(tgl.)* und der am Busbahnhof des Stadtteils Abercrombie *(Di, Do, Sa, 6–18 Uhr)* weit zurück. Die beiden Märkte sind klein und staubig, ihr Angebot beschränkt sich auf Dinge des täglichen Bedarfs.

Schmuck **[U C3]**

Markenuhren, Diamant- und Goldschmuck werden zu günstigen Preisen bei *Poncini* angeboten. Um die Artikel zollfrei zu kaufen, müssen Sie Ihren Reisepass sowie Ihr Flugticket vorlegen und in einer westlichen Währung (oder mit Kreditkarte) zahlen. Die gekaufte Ware erhalten Sie dann vor dem Abflug am Flughafen. *Tgl. außer So 8.30 bis 16.15, Sa bis 12 Uhr, Jules Koe-*

nig Street, gegenüber vom Stadttheater

ÜBERNACHTEN

Bourbon Tourist Hotel [U D3]
Sehr einfaches, aber sauberes Hotel mit verstecktem Eingang im Herzen der Chinatown. Zimmer unterschiedlicher Größe und Ausstattung, kleines Restaurant. *16 Zi., 36, Rue Jummah Mosquee, Tel. 240/44 07, Fax 242/20 87, €*

Labourdonnais Waterfront Hotel [U B1]
Elegantes Businesshotel, direkt am Hafen gelegen, mitten im Caudan-Einkaufskomplex. *108 Zi., Caudan Waterfront, Tel. 202/40 00, Fax 40 40, www.labourdonnais.com, €€€*

Le Saint Georges Hotel [U A3]
Das Stadthotel ist im postmodernen AAA Tower untergebracht. *59 Zi., 19, Rue Saint Georges, Tel. 211/25 81, Fax 08 85, €€*

AM ABEND

Nach Ladenschluss ist Port Louis wie ausgestorben. Sogar die meisten Restaurants schließen bereits um 19 Uhr. Es gibt keine Diskothek im Zentrum der Stadt und kaum Bars. Das Nachtleben konzentrierte sich bisher auf Rose Hill, Quatre Bornes, Vacoas oder Grand Baie. Geändert hat sich dies erst mit dem 1997 eröffneten Einkaufszentrum *Caudan Waterfront* am Hafen. In einer Mischung aus altem Hafenviertel und modernem Dienstleistungszentrum entstand hier ein Vergnügungsort, den bisher eher Einheimische als Touristen nutzen. Auf dem verschachtelten Gelände mit Arkaden, Plätzen und einer Promenade gibt es zahlreiche Bars und Restaurants sowie mehrere Kinos – ein Ort auch zum Flanieren.

Kasino [U B1]
Das Kasino im Caudan-Waterfront-Komplex betritt man durch den Bug eines aufwändig gestalteten Pi-

Phantasievoll gestaltetes Einkaufszentrum Caudan Waterfront

ratenschiffs. Auch innen hat man sich Mühe gegeben, das Seeräuberthema stilistisch beizubehalten. Im Parterre *(tgl. 10–4 Uhr)* reihen sich einarmige Banditen aneinander. Im ersten Stock *(tgl. 8–4 Uhr)* wird Roulette, Black Jack und Poker gespielt.

Kinos
Im Zentrum von Port Louis gibt es noch zwei alte Filmtheater, die sich vor allem mit indischen Produktionen an das einheimische Publikum wenden – für Urlauber aber eher als Kuriosum einen Besuch wert sind.

In den Kinos *Luna Park,* **[U B2]**, *John Kennedy Street, Eintritt 50 Rupien, Balkon 60 Rupien,* und *Majestic,* **[U B3]**, *Poudrière Street, Eintritt 90 Rupien,* sind die Leinwände riesig, wodurch die Wirkung der gefühlsüberladenen indischen Melodramen noch einmal kräftig gesteigert wird. Indische Produktionen werden auf Hindi gezeigt, was indes keinen Europäer daran hindert, den Geschichten von Liebe und Schmerz gespannt zu folgen. Hollywood-Produktionen laufen ausnahmslos in französisch synchronisierten Fassungen. Das Programm ist in der Stadt auf unscheinbaren, rosafarbenen Plakaten angeschlagen. Bequemer ist es in den Kinos am *Caudan Waterfront Complex* **[U B1]**, wo aktuelle internationale Filme in französischer Fassung gezeigt werden. *Eintritt 90 Rupien*

AUSKUNFT

Office du Tourisme de l'île Maurice **[U C1]**
Port Louis Waterfront, Information Counter, Tel. 208/63 97, Fax 212/51 42, www.mauritius.net

ZIELE IN DER UMGEBUNG

Chapelle Sainte Croix **[117 E1]**
Wallfahrtsort. Père Laval kam 1841 als Missionar nach Mauritius, setzte sich vor allem für die schwarze Bevölkerung ein und stand den Leprakranken bei. Schon zu Lebzeiten wurde er verehrt; nach seinem Tod am 9. September 1864 soll es an seinem Grab zu Wunderheilungen gekommen sein, weshalb es auch heute noch von vielen Behinderten besucht wird. 1979 wurde er in Rom selig, zehn Jahre später heilig gesprochen. Besonders an seinem Todestag pilgern so viele Gläubige zu der kleinen Kapelle mit dem gläsernen Sarg, dass die Anlage um eine große, moderne Kirche und einen riesigen Vorplatz erweitert wurde.

In kleinen Gebäuden aus der Kolonialzeit ist eine Ausstellung über das Leben des »Apostels der Schwarzen« zu sehen, dort werden auch Souvenirs verkauft. *Am nördlichen Ortsausgang von Port Louis auf der Route de Pamplemousses bis zum Schild »City Boundary«, dort Richtung Berge in die Avenue Père Laval einbiegen. Kirche tgl. 6.30–18, Ausstellung und Laden tgl. 8.30–16.45, So und Feiertage 10–16.15 Uhr, Eintritt frei*

Domaine les Pailles **[117 D2]**
Anlage im Stil einer Plantage, als Ausflugsziel konzipiert, in dem das vorige Jahrhundert auflebt. Sogar eine alte Lokomotive fährt durch das Gelände. In dem Nachbau einer Zuckermühle aus dem 18. Jh., von einem Ochsen angetrieben, und einer Rumdestillerie zeigt das Personal in historischen Kostümen die Produktionsschritte vom Zucker-

rohr zum Zucker – und dem Nebenprodukt Rum. Neben Kutschfahrten und Ausritten werden Jeepsafaris angeboten.

Auf dem Gelände gibt es eine Boutique, einen Andenkenladen, einige Lokale, darunter eines der Spitzenrestaurants der Insel, und ein Kasino. *Kompletter Tagesbesuch 1135 Rupien, Kinder 510 Rupien. Weitere Touren und Führungen auf Anfrage. Die Domaine les Pailles liegt am südlichen Stadtausgang in Autobahnnähe. Tel. 212/42 25*

Eureka **[117 D3]**

★ Die Kolonialvilla wurde 1836 erbaut, 1856 erweitert und ist bis heute wunderschön erhalten. Eingerichtet mit Möbeln des 19. Jhs., geben im Erdgeschoss acht Zimmer und ein Bad einen Eindruck vom damaligen herrschaftlichen Leben. In einem Raum sind Fotografien von Port Louis aus dieser Zeit ausgestellt, im Obergeschoss sind eine Galerie sowie ein Souvenirladen untergebracht. An der langen Tafel des alten Speisesaals werden für Gruppen ab 15 Personen *Diners* ausgerichtet *(nach Absprache, pro Person ab 1350 Rupien)*, auf der Veranda gibt es mittags *kreolische Menüs (ca. 450 Rupien, Voranmeldung). Moka, Montagne Ory (der Weg ist von der Autobahn aus ausgeschildert). Tgl. 9–17 Uhr, Erwachsene 170 Rupien, Kinder bis 10 Jahre frei, Tel. 433/84 77*

Gebirge **[117 E1–2]**

Von weitem wirken die Berggipfel rund um Port Louis geradezu spektakulär. Die meisten Gipfel sind jedoch über relativ leichte Wanderwege zu erreichen, bei manchen allerdings, etwa dem *Pieter Booth,* muss man auch klettern. Bequem ist der Aufstieg auf den 811 m hohen *Le Pouce;* auf Grund der verhältnismäßig großen Höhendifferenz sollte man sich gut einen halben Tag dafür Zeit nehmen. Der Weg beginnt bei der Kapelle St. Anne nahe der Pferderennbahn und führt durch das *Vallée du Pouce,* von dort aus ist der Pfad deutlich zu erkennen. Einem Spaziergang gleicht die Wanderung auf den 306 m hohen *Priest's Peak.* Der Fußweg beginnt nahe der Kreuzung der Route Militaire und der Route de Pamplemousses. Bis zum Gipfel braucht man für den Aufstieg etwa eine Stunde.

Kalaisson-Tempel **[117 E1]**

★ Die große, farbenfrohe Tempelanlage der südindischen Tamilen im Stadtteil Abercrombie (unweit der Chapelle Sainte Croix) ermöglicht Einblicke in die faszinierende Götterwelt der Hindus. Ein hoher, figurengeschmückter *gopuram* (Turm) schmückt die Haupthalle, in der überlebensgroße Götterstatuen mit mehreren Armen oder Gesichtern die Besucher oftmals grimmig anstarren. Bei der Besichtigung müssen Schuhe am Tor abgestellt werden, die Anlage darf nur barfuß betreten werden. Fotografieren ist erlaubt. Wenn man der Route de Pamplemousses durch Abercrombie in nördlicher Richtung folgt, bemerkt man rechter Hand eine beigefarbene Tempelanlage, einige Hundert Meter danach heben sich auf der rechten Seite die Leuchtfarben des Kalaisson-Tempels gut sichtbar vor der Kulisse der Berge Montagne Longue ab. *Tgl. 8 bis 18 Uhr, Eintritt frei*

Am Ende der Welt

Der Osten ist weniger erschlossen und auch ärmlicher als der Rest der Insel

Auf der Ile aux Aigrettes

P*ointe Quatre Cocos* heißt der östlichste Punkt der Insel, er gilt bei den Einheimischen als das Ende der Welt. Sie benutzen den Namen sogar in einer Redensart, wenn sie auf die Einfältigkeit einer Person hinweisen wollen: »Il vient de Quatre Cocos« – »Er kommt von Quatre Cocos.«

Es ist eine ärmliche Gegend, in der die Bewohner vom Fischfang und von der Landwirtschaft leben, vor allem vom Zuckerrohranbau, dessen Geschichte hier bis in die Zeit der Holländer zurückreicht. Diese ersten Siedler hatten sich in dem hügellosen Flachland – »Flacq« – niedergelassen und schon früh Felder angelegt. Doch obwohl noch heute die größte Zuckerfabrik der Insel im Osten steht, bringt die Monokultur den wenigsten Bewohnern ein sorgloses Leben. Wenn Frauen hier in den Bächen ihre Wäsche waschen und zum Trocknen über Büsche hängen, mag die Szenerie dem vorbeifahrenden Urlauber wie ein Idyll erscheinen, ist aber letztlich nur Ausdruck eines Mangels. Die Dörfer des Ostens sind klein und unscheinbar, die wenigen Städte bieten ein eher trostloses Bild. Die Menschen sind traditionsbewusst. Anders als in den Städten der Westküste, wo längst europäische Mode das Straßenbild bestimmt, tragen viele Frauen hier einen Sari, immer in leuchtenden Farben und oft aus wertvollen Materialien.

Ein Dorado für Jäger: die Domaine du Chasseur

Dass der Osten eine eigene Welt ist, spürt man auch am Wetter. Immer weht eine leichte Brise über das Land und den Küstensaum, was das Meer hier zu einem Dorado für Windsurfer und Segler macht. Merklich kühler als auf der Westseite wird es nur abends zwischen Juni und September, dann kann ein Pullover nützlich sein.

Der Osten wird touristisch immer mehr erschlossen. An den Stränden entstanden große Luxushotels, an den Wochenenden aber kommen Einheimische hierher. Dann herrscht reger Trubel, wird musiziert und getanzt – zu Séga- und Reggaerhythmen, zu Gospelstücken und zu Titeln aus der Hitparade.

Die Landschaft des Ostens wird von der Bergkette *Montagne Bambous* durchzogen, einer dicht bewachsenen Wildnis, die im Osten bis ans Meer reicht. Die Straße folgt hier dem kurvigen Verlauf der steinigen Küste. An der Südküste gibt es keine Badestrände, da hier der Riffgürtel um Mauritius unterbrochen ist.

BELLE MARE

[119 E3] Seinen Namen hat der winzige Ort vom Wasser erhalten, das hier außergewöhnlich schimmert. Von der Landstraße aus gibt es immer wieder kleine Abzweigungen durch den Filaohain zu kleinen Badebuchten. An Wochenenden herrscht dort volksfestartige Stimmung, etwa an der *Plage de Palmar.* Entlang der ruhigen Küstenstraße liegen viele neue Ferienhotels. Eine schöne Gegend für Fahrradtouren.

ESSEN & TRINKEN

Symon's Restaurant
An der Küstenstraße, offene Veranda. Spezialitäten: Meeresfrüchte und kreolische Gerichte. *Tgl. 11.30–15 und 18–22 Uhr, Pointe de Flacq, Tel. 415/11 35,* €

ÜBERNACHTEN

Ambre Hotel **[119 F3]**
Großes Ferienhotel mit umfangreichem Sportangebot am breiten Strand von Palmar. Große Poolanlage, familiäres Ambiente. Hauptsächlich Franzosen sind hier zu Gast. *246 Zi., Tel. 401/80 00, Fax 415/15 94, www.apavou-hotels.com,* €€

Belle Mare Plage **[119 E2]**
Legere Eleganz. Die hauseigenen Golfplätze sind eine Herausforderung – auch für Könner (18 Loch, Par 72, 6014 m, nur für Hotelgäste). *210 Zi., Tel. 415/15 01, Fax*

Insider Tipp

Hausarbeit ist auf Mauritius noch mühsam: große Wäsche am Fluss

MARCO POLO Highlights »Der Osten«

★ **Le Val**
Kleiner, aber feiner Naturpark mit Gewächshäusern, einem Zoo und Restaurant. Seinen Fisch angelt man im Teich vor dem Restaurant (Seite 62)

★ **Domaine du Chasseur**
Urlaub vom Meer – Revier für Jäger und Naturfreunde. Idyllisch kann man zwischen Wildbach und Palmen zu Mittag essen (Seite 61)

★ **Ile aux Cerfs**
Keine Steigerung mehr möglich: Der schönste Strand von Mauritius liegt auf der Badeinsel bei Trou d'Eau Douce (Seite 63)

★ **Ausflugsfahrt nach Camp de Masque**
Die Landstraße zwischen den Bergzügen Montagne Fayence und Montagne Blanche führt geradewegs durch eine Tropenwelt par excellence (Seite 59)

19 93, www.bellemareplagehotel.com, €€€

Coco Beach Hotel **[119 E2]**
Farbenfrohes Familienhotel mit Clubatmosphäre und tollem Mini- und Teenagerclub. Büfetts wie aus dem Schlaraffenland. Das größte Hotel der Insel mit riesigem Freizeitangebot. *333 Zi., Tel. 415/10 10, Fax 18 88,* €€–€€€

The Residence **[119 E3]**
Elegantes Luxushotel mit Kolonialatmosphäre am Strand von Palmar. Service, Ausstattung, Gastronomie und Wellnesszentrum sind vom Feinsten. *171 Zi., Tel. 401/88 88, Fax 415/58 88, www.theresidence.com,* €€€

Le Saint Géran **[119 E2]**
Das jüngst renovierte Traditionshaus zählt zu den besten Strandhotels der Welt. Zu den Besonderheiten zählen das Spoon-des-Iles-Restaurant des Pariser Starkochs Alain Ducasse, ein ultramodernes Fitnesszentrum, ein Givenchy-Spa, ein eigenes Kasino und ein 9-Loch-Golfplatz. *175 Zi., Tel. 401/16 88, Fax 16 68, www.saintgeran.com,* €€€

Insider Tipp

CENTRE DE FLACQ POSTE DE FLACQ

[119 D2–3] »Flacq« leitet sich von dem holländischen *Vlak,* flaches Land, ab; so nannten die niederländischen Siedler diese hügellose Gegend. Es gibt zwei Orte mit dem Namen: ein kleines Provinzstädtchen im Landesinneren und, 5,5 km nordöstlich, das Dorf Poste de Flacq. Hier liegt der Hindutempel *Sagar Shir Mandir,* der schon wegen seiner Lage sehenswert ist: auf einer winzigen Land-

Hindutempel mit Aussicht: Sagar Shir Mandir

zunge, umgeben von Mangroven, bietet er einen schönen Blick auf das Saint-Géran-Hotel.

Centre de Flacq ist eine typisch mauritische Kleinstadt, hauptsächlich von Indern bewohnt. Die Hauptstraße heißt zu Recht Market Road: weit und breit nur Läden und Stände. Sonntags erreicht das quirlige Treiben seinen Höhepunkt; dann findet um den District Court herum der interessante Markt statt. Das Angebot besteht aus Kleidungsstücken, Stoffen, Obst und Gemüse.

Insider Tipp

Bei vorheriger Anmeldung ist eine Besichtigung (zwischen Juni und November) der *Zuckerfabrik F.U.E.L. (Tel. 413/25 83)* möglich, die auch 25 Prozent des Inselstroms erzeugt.

ESSEN & TRINKEN

La Caze Carlet [115 F5]
In-Restaurant mit kreolischer Küche, Spezialität: Hummer. Am Wochenende Livemusik und Tanz. *Reservierung notwendig. Tgl. 17–24 Uhr, Costal Road, Roches Noires, Tel. 411/56 22,* €€€

Insider Tipp

Chez Manuel
Abseits gelegenes Chinarestaurant, das einen Abstecher lohnt. Spezialitäten: Süß-saurer Fisch mit Ingwer und Schwein in Honig. Wer ohnedies in St. Julien ist, sollte den Hindutempel an der Landstraße Richtung Süden besuchen. *8 km südwestlich von Centre de Flacq in St. Julien, das nur wegen des Restaurants bekannt ist. Tgl. außer So 11–15 und 18–23 Uhr. St. Julien Village, Royal Road, Union Flacq, Tel. 418/35 99,* €€

ÜBERNACHTEN

Coral Beach Bungalows [115 F5]
Hübsche Bungalowanlage abseits der Ortschaften und großen Hotels. Für Selbstversorger, kleines Restaurant, Swimmingpool und Bootshaus. Deutsch-mauritische Leitung. *Tel./Fax 410/50 39, www.coralbeachbungalows.mu,* €–€€

Le Prince Maurice
Eines der drei Tophotels der Insel. Eingebettet in die Bucht von Pointe d'Esny, wirkt die Anlage durch die natürlichen, wertvollen Materialien und die dezenten Farben wie der Landschaft entwachsen. Eher beiläufig begreift man, wie verschwenderisch hier mit Luxus umgegangen wurde. Die Bäder sind so groß wie

die Zimmer, viele Suiten haben ihren eigenen Pool. Zwei ausgezeichnete À-la-carte-Restaurants, Bibliothek. Fitnesszentrum, Berechtigung zum Golfspielen auf dem Platz des Hotels Belle Mare Plage. *89 Suiten, Tel. 413/91 00, Fax 91 29, €€€*

ZIELE IN DER UMGEBUNG

Bel Air **[119 E4]**

Der kleine Ort bildet den Ausgangspunkt für die reizvolle ★ Ausflugsfahrt zwischen den Hügelketten der *Montagne Blanche* (532 m) und der *Montagne Fayence* (433 m) nach *Camp de Masque.* Einzige Sehenswürdigkeit in Bel Air ist der farbenprächtige Tempel *Siva Soopramaniarkovil* am westlichen Ortsausgang mitten im Zuckerrohrfeld. Während der Weiterfahrt nach Clemencia überbietet sich die Natur: Bananenstauden, Hibiskussträucher, Palmen, Eukalyptusbäume, Blumen in allen Farben. Pittoresk, wenn auch bei genauerem Hinsehen eher ärmlich, ist die Ortschaft *Clemencia.* Tausende von Blumen wachsen wild am Straßenrand.

Küstentour nach Roches Noires **[115 F5–6]**

Eine wunderschöne Uferstraße (B 15) führt entlang wild-rauer Strände, die von Lavazungen unterbrochen werden, von Poste de Flacq in nördlicher Richtung nach Roches Noires. Hier gibt es noch keine großen Touristenhotels, reiche Mauritier besitzen hier Ferienhäuser. Die Küste ist sehr fotogen, wegen starker Strömungen kann man an den meisten Stellen allerdings nicht baden.

MAHÉBOURG

[123 D3] Einst war Mahébourg die zweitbedeutendste Stadt der Insel, heute ist es ein verschlafenes Provinzstädtchen mit knapp 20 000 Einwohnern in Flughafennähe. Als im 19. Jh. eine Malariaepidemie ausbrach, flüchteten die Überlebenden in die höher gelegenen Gebiete und ließen sich dort nieder. Zentraler Punkt ist der Busbahnhof vor dem Markt. Von hier aus erreicht man die Einkaufsstraße Rue Flamant ebenso schnell wie die Parkanlage entlang der Bucht, in der 1810 die wichtigste Seeschlacht vor Mauritius entschieden wurde.

SEHENSWERTES

Kathedrale

Notre Dame, im Stil der englischen Neogotik 1849 erbaut, ist wegen der imponierenden Deckenkonstruktion mit zwanzig individuell geschnitzten Engeln sehenswert. Die Tür zum Turm steht bisweilen offen, und man kann von oben die schöne Aussicht genießen. *Rue Souffleur*

Park

Promenade mit Picknickgelegenheiten und einer Reihe von Denkmälern. Ein unscheinbarer Obelisk, vom Staat zum historischen Monument erklärt, erinnert an Schiffbrüchige aus dem Jahr 1874, ein größerer an die englischen und französischen Soldaten, die im August 1810 bei der Schlacht vor der Ile de la Passe gefallen sind. Ausgefallener ist die knapp 6 m hohe Buddha-Figur *Statue of Harmony. Direkt an der Bucht von Mahébourg*

Tempel
Der Tamilentempel *Shri Vinayaour Seedalamen,* 1856 erbaut, steht direkt an der Hauptstraße. Die Anlage besteht aus mehreren großen und kleinen Tempeln. *Tgl. 6–12 und 15.30–18 Uhr*

MUSEUM

Insider Tipp

Historical Naval Museum Mahébourg
Museum in einem Herrenhaus aus dem 18. Jh. Die Ausstellungsstücke dokumentieren hauptsächlich den Seekrieg zwischen Frankreich und England. Wrackteile aus der Schlacht von 1810, ein Modell der St. Géran und des Zugs, der von 1864 bis 1926 auf der Insel verkehrte, sind die Attraktionen. Außerdem: Kolonialmöbel und Kanonen. Im Garten einige Werkstätten von Kunsthandwerkern. *Royal Road, Mo–Sa 9–16, So 9–10 Uhr, Eintritt frei*

ESSEN & TRINKEN

Le Jardin Créole
Hübsches, kreolisches Gartenrestaurant an der Straße nach Blue Bay. Reichhaltige Speisekarte. *Tgl. 12–14 und 18–21 Uhr, Pointe d'Esny, Tel. 631/580 11, €–€€*

Maïda-Mount
Aus einem einfachen Imbiss ist ein empfehlenswertes Restaurant geworden. *Mo–Sa 11–15 und 17 bis 21.30 Uhr, Rue Labourdonnais (beim Markt), Tel. 631/85 63, €€*

Patisserie & Salon de Thé Chez Gaby
Die Konditorei bietet auf der kleinen Terrasse an der Straße Kaffee und Kuchen an. *Rue Labourdonnais, Mo–Sa 6–17 Uhr, €*

Le Phare
Schönes Restaurant direkt am Meer. Spezialitäten: Meeresfrüchte und Wild. *Tgl. 10.30–15 und 18.30 bis 24 Uhr, Rue Shivanada, Tel. 631/97 28, €€*

EINKAUFEN

In Mahébourg findet jeden Montag ein bunter Wochenmarkt entlang der Rue Hollandaise statt. Im Angebot: Obst und Gemüse, Haushaltswaren, Freizeitkleidung.

ÜBERNACHTEN

Auberge Aquarelle
Charmante Familienpension direkt am Meer mit sauberen Zimmern. Gutes Restaurant mit wenigen Tischen und einer sonnigen Terrasse. Empfehlenswert zum Frühstück! Der nächste Strand liegt einige Kilometer weiter an der Blue Bay. *8 Zi., Sivanada Street, Tel. 631/94 79, €*

Le Barachois [123 F1]
Insider Tipp

Haus mit 16 Zimmern für Individualisten. Mitten in einer Lagune, umgeben von Austern- und Krabbenzucht, einem Mangrovenwald, aus Naturstein gebaute Häuschen mit Strohdach und Klappläden statt Fenstern. Eingerichtet mit kreolischen Möbeln. Ausgezeichnete Restaurantküche. *18 km nördlich von Mahébourg, nach Bambous Virieux direkt an der Lagune, Tel. 634/56 43, Fax 57 08, €€*

La Croix du Sud Hotel [123 E3]
Die Ferienanlage auf einer wunderschönen Halbinsel wurde 2002

komplett neu gestaltet. *111 Zi., Pointe Jérôme, Tel. 631/95 05, Fax 96 03, €€*

Pension Notre Dame
Von Ordensschwestern geführte, sehr einfache Pension mit acht Zimmern. Sehr sauber, ruhig, direkt neben der Kirche. *Rue Souffleur, Tel. 631/95 82, €*

Shandrani [123 D4]
Elegantes First-Class-Hotel auf der Halbinsel am südlichen Ende der Blue Bay, unweit des Flughafens. Einsame Strände, 9-Loch-Golfplatz. *327 Zi., Blue Bay, Tel. 637/43 43, Fax 43 13, €€€*

AM ABEND

Kino
An Markttagen ist das *Odeon (Eintritt 20 Rupien, Rue des Flamants/ Rue de Maurice)* sogar tagsüber ausverkauft. Man sitzt auf wackligen Bänken, die Luft ist stickig, die Stimmung gleicht der in einem bunten Zirkus. Im neuen *Ciné-Mahé (Eintritt 50 Rupien, Rue Labourdonnais)* geht es gesitteter zu.

FREIZEIT & SPORT

Baden
Der schönste Strand bei Mahébourg liegt an der *Pointe Jerôme.* Ideale Verhältnisse für Surfer

ZIELE IN DER UMGEBUNG

Blue Bay [123 D–E 3–4]
Bucht südlich von Mahébourg mit Badestrand. Den Strand erreicht man am Ende der Halbinsel – sonntags und an Feiertagen herrscht Volksfeststimmung.

Litschiverkäufer in Centre de Flacq

Domaine du Chasseur [123 E1]
★ Ausflugsziel für Naturfreunde, Wanderer, Jäger, aber auch Ausflügler, die inmitten üppiger Vegetation nur gut essen möchten. Knapp zwanzig Minuten nördlich von Mahébourg biegt man bei Anse Jonchée ab in die grüne Berglandschaft, in der Hirsche, Affen und Wildschweine leben. Spaziergänge und Jeepfahrten zu einem Aussichtsplateau *(unterschiedliche Preise, je nach Akrivitätsprogramm).* Täglich gegen 15 Uhr werden Mauritiusturmfalken gefüttert. Es ist möglich, auf dem Gelände zu jagen *(Grundgebühr 5000 Rupien)* oder einen Jäger auf der Pirsch zu begleiten *(2000 Rupien).* Das Anwesen verfügt über zwei Restaurants und vier kleine Chalets. *Tel. 634/50 97, Fax 52 61, www.dchasseur.com*

Ile aux Aigrettes [123 E3]
Mit einem umfassenden Programm ist der Mauritian Wildlife Fund damit beschäftigt, hier den ursprünglichen Küstenwald von Mauritius

wieder aufzuforsten. Die 25 ha große Insel wurde so bereits zur Heimstatt zahlreicher vom Aussterben bedrohter Tier- und Pflanzenarten. Langfristig werden sogar Landschildkröten ausgesetzt. Das Experiment soll durch Ökotourismus finanziert werden. Ein Besucherzentrum informiert über Raubbau und Zerstörungen auf Mauritius; täglich gibt es zwei- bis dreistündige Naturführungen. *Der Rundgang kostet einschließlich der Fähre ab Hotel Croix du Sud 300 Rupien; er muss über lokale Touranbieter oder unter Tel. 604/10 00 gebucht werden.*

Le Souffleur **[122 C5]**

Eine der wenigen Möglichkeiten, die wilde Felsenküste des Südens mit dem Wagen zu erreichen. Die Hinweisschilder, die vor dem Baden warnen, sind überflüssig – freiwillig würde hier niemand ins Wasser gehen. Man erreicht Le Souffleur über eine Stichstraße bei L'Escalier.

Le Val **[122 C1]**

★ Kleiner Naturpark, Ausflugsziel zum Mittagessen, 12 km nordwestlich von Mahébourg hinter St. Hubert. Wer einkehren möchte, bestellt gleich nach der Ankunft und spaziert dann über das Gelände: zu den Hirschgehegen, den Riesenschildkröten, in die Gewächshäuser und zum Karpfenteich. Zentrum von Le Val ist ein kleiner See, um den herum ein Teich mit Langusten und ein Park liegen. Das Anwesen ist umgeben von tropisch bewachsenen Berghängen. Auch ein Kinderspielplatz ist vorhanden. *Tgl. 9–17 Uhr, Erwachsene 20 Rupien, Kinder 10 Rupien*

Im Restaurant *Le Val* stammt alles aus dem eigenen Garten. Es ist möglich, seinen eigenen Fisch zu angeln. *Tgl. 10.30–15 Uhr, Reservierung wird empfohlen, Tel. 633/50 51, €€*

Vieux Grand Port **[123 D2]**

Einst der wichtigste Hafen der Insel. Die Verteidigungsanlagen, der kleine Friedhof und die Reste eines Turms führen weit zurück in die örtliche Geschichte. Einen Überblick vermittelt das *Frederik Hendrik Museum (Royal Road, tgl. außer Di 9–16 Uhr, Eintritt frei)* mit alten Stichen und Ausgrabungen. Sehenswert ist der Friedhof der ersten holländischen Siedler *(Cemetery Road).*

Ylang Ylang **[123 D–E1]**

Plantage mit Parfümproduktion. Durch die Anlage führen Wanderpfade *(2,5 km, 50 Rupien).* Zudem werden Jeepsafaris angeboten *(100 Rupien).* Vom Restaurant schöner Blick *(€€).* Parfümerie mit Produkten aus eigener Herstellung. *Tgl. 9–17 Uhr, Anse Jonchée, Vieux Grand Port*

TROU D'EAU DOUCE

[119 E4] Ein Fischernest mit kleinem Hafen in einer schönen Bucht. Das Dorf hat außer einer großen Kirche aus Lavagestein und dem winzigen Platz *Victoria Square,* dem Treffpunkt der Männer, die dort Boules spielen, kaum Sehenswertes. Am Ufer soll ein neues Einkaufszentrum mit Anlegestelle für die Boote auf die Ile aux Cerfs gebaut werden, ein Museum in der Ruine eines alten Kalkofens soll über die Geschichte der Kalkherstellung aus Korallenstein berichten.

ÜBERNACHTEN

Le Touessrok **[119 F4]**
Der teilweise auf einer Insel erbaute Komplex im Stil eines Mittelmeerdorfs ist seit Jahren ein Geheimtipp unter Romantikern. Die Anlage wird 2002 komplett renoviert. Kostenloser Bootsshuttle auf die hoteleigene »Robinsoninsel« und auf die Ile aux Cerfs. *200 Zi., Trou d'Eau Douce, Tel. 419/24 51, Fax 20 25, www.touessrok.com, €€€*

Le Tropical **[119 F3]**
Kleines, familienfreundliches Hotel mit All-inclusive-Konzept und Pool am Strand bei Trou d'Eau. *60 Zi., Coastal Road, Tel. 419/23 00, Fax 23 02, www.naiade.com, €€*

ZIEL IN DER UMGEBUNG

Ile aux Cerfs **[119 F4–5]**
★ Die beliebteste Badeinsel von Mauritius besticht mit einem kilometerlangen, weißen Sandstrand. Ein Ausflug hierher ist absolut lohnend. Ein kleiner Teil der Insel, direkt am Anlegesteg, wird vom nahe gelegenen *Hotel Le Touessrok* bewirtschaftet *(eine Bar, zwei Restaurants mit Snacks und mauritischer Küche, €€)*. Außerdem bietet dort der Sportclub jede nur erdenkliche Art von Wassersportmöglichkeiten an. Auch der Bau eines Golfplatzes ist geplant. Kaum hat man diesen Teil der Insel verlassen, glaubt man sich allein. Wer versucht, um die Ile aux Cerfs herumzuspazieren, bleibt irgendwann im Dickicht des Waldes oder der Mangrovenhaine stecken.

Die Insel wird zwischen 9 und 17 Uhr mit kleinen Booten angefahren. Die Fahrt dauert ca. 15 Minuten. *Erwachsene 150 Rupien, Kinder 75 Rupien, Ablegestellen sind Pointe-Jetty an der Zufahrtsstraße zum Touessrok Hotel oder der Strand von Trou d'Eau Douce*

An der Bucht der Ile aux Cerfs: die beliebteste Badeinsel von Mauritius

Dschungel, Schluchten, Wasserfälle

Im Südwesten präsentiert sich die Insel, wie sie vor ihrer Besiedlung ausgesehen hat

Der Südwesten ist eine wilde, urwüchsige Gegend – die einzige Region der Insel, die ein Gefühl davon vermittelt, wie Mauritius wohl ausgesehen hat, bevor die Siedler damit begannen, den Dschungel zu roden. Steile Klippen, tiefe Schluchten, tosende Wasserfälle und ein undurchdringlicher Dschungel bestimmen das Bild. Wer sich während seines Strandurlaubs nur einen Tag lang vom Komfort des Hotels losreißen mag, sollte hierher fahren. Der Südwesten beansprucht für sich zwei messbare Superlative: Er ist die niederschlagsreichste Region der Insel, und der *Black River Peak* ist mit 828 m ihr höchster Berg. Hier findet man eine üppige Flora und einzigartige Fauna. Für die Tierwelt wurde die abgeschiedene Gegend, der einzige Nationalpark der Insel, zu einem Rückzugsgebiet. Hier leben noch einige Exemplare der endemischen Arten: die rosafarbene Taube und der Mauritiusfalke.

Das eigenartige Farbspiel der Terres des Couleurs

Le Morne Brabant

Trotz Urwüchsigkeit haben sich hier schon im 19. Jh. Menschen niedergelassen: Schwarze, die nach Abschaffung der Sklaverei der Welt der Weißen den Rücken kehrten und eigene, kleine Dörfer gründeten. Manche der Hütten scheinen aus Treibholz gezimmert; die kleinen Grundstücke, aus dem Wald geschlagen, dienen gleichzeitig als Obst- und Gemüsegarten, als Hof für Hühner und als Weidefläche für eine Ziege oder eine Kuh.

Fischerdörfer reihen sich an dem schmalen Streifen zwischen den Bergen und dem Meer aneinander. Im Süden, wo das Korallenriff unterbrochen ist, rollen gewaltige Wellen an den Stränden aus;

unberechenbare Strömungen machen das Schwimmen gefährlich, weshalb es dort keine Strandhotels gibt. Im Westen bietet sich das übliche Bild: ruhiges Wasser, weißer Strand, Filaohaine. Dort, wo der Black River (Rivière Noire) ins Meer mündet, wurde der größte Hafen für Hochseefischerei angelegt. Eine Flotte modern ausgerüsteter Boote wartet auf Sportfischer, die vom Fang riesiger Marline träumen.

CHAMAREL

[120 C3] In Chamarel treffen die drei Straßen aufeinander, die das Bergland des Südwestens durchqueren. Doch nur an Mariä Himmelfahrt am 15. August verwandelt sich das kreolische Dorf in einen Rummelplatz. Dann pilgern Gläubige zur Wallfahrtskirche St. Anne. Mit ihnen kommen fliegende Händler und Garküchen. Der Ort ist umgeben von Kaffee- und Zuckerrohrplantagen. Von hier stammt der mauritische Kaffee, der schwarz geröstet und stark aufgekocht wird. Bekannt ist die Ortschaft für ihre farbige Erde, die *Terres des Couleurs* **[120 C3–4]**. Über eine Fläche von einem Hektar erstrecken sich lange Bodenwellen in sieben Farben. Der Grundton ist rostiges Rot. Je nach Tageszeit und Sonneneinstrahlung leuchten die Erdschichten von Gelborange über Grün und Blau bis hin zu Violett. Eine eindeutige wissenschaftliche Erklärung gibt es für das geologische Phänomen nicht. Die Hügellandschaft soll vulkanischen Ursprungs und durch Mineraloxydation entstanden sein. Die Straße dorthin führt am 90 m hohen Wasserfall *Cascade Chamarel* vorbei, zu dessen tropisch umwachsenen Becken man nicht hinabsteigen kann. *Parkgelände tgl. 7.30–17.30 Uhr, Eintritt 50 Rupien*

ESSEN & TRINKEN

Le Chamarel
Restaurant mit herrlicher Aussicht und guter kreolischer Küche, Spezialität: Wild. Nach dem Essen wird einheimischer Kaffee serviert. *Tgl. 12–16 Uhr, La Crête, Chamarel, Tel. 453/64 21,* €€

Nature Forest
Schönes Waldrestaurant mit einheimischer Küche. Hier beginnen einige Pfade durch den dichten Wald, geführte Wanderungen gibt es auf Anfrage. *Tgl. 11–15.30 Uhr, Route de Plaine Champagne, Tel. 251/10 94 oder 497/97 60,* €€

Varangue sur Morne
★ Das ehemalige Aufseherhaus einer Bananen- und Ananasplantage liegt an der Straße von *Mare aux Vacoas* nach *Chamarel.* Von der offenen Veranda aus herrlicher Blick über die grünen Berge, beliebt bei Touristengruppen. *Tgl. außer So 11–16 Uhr, 110, Route de Plaine Champagne, Chamarel, Tel. 653/66 10,* €€

ZIELE IN DER UMGEBUNG

Fahrt nach Baie du Cap **[120 B–C 3–5]**
Lohnend ist die etwa 11 km lange Fahrt von Chamarel nach Baie du Cap. Sie führt durch eine saftig grüne, liebliche Landschaft. Kurz bevor der Blick aufs Meer frei wird, steht rechter Hand ein gelber

Hindutempel mit einem auffallend hohen Turm.

Grand Bassin **[121 E3]**

Trotz des Namens ist das Grand Bassin nur ein winziger See. Berühmt ist der erloschene Vulkanschlot wegen des *Maha-Shivaratree-Fests.* Jedes Jahr kommen im Februar/März mehr als 300 000 Hindus zu rituellen Waschungen. Am Ufer stehen kleine Tempel und Altäre. Entlang des Weges, der auf den Hügel mit der Statue des Gottes Anoimanga führt, sieht man regelmäßig Affen. Man sollte sie nicht füttern, da sie dann nicht nur frech, sondern auch aggressiv werden können. *Tgl. 6–18 Uhr, Eintritt frei*

Le Pétrin und die Plaine Champagne **[120 D3]**

Der Nationalpark *Black River Gorges* liegt nicht nur in der tiefen Schlucht des »Schwarzen Flusses«, sein Herzstück ist die karge Hochebene Plaine Champagne (749 m). Eine schmale Straße windet sich durch das Gebiet, Stichstraßen führen immer wieder zu Aussichtspunkten über Schluchten und Wasserfällen – am schönsten ist der Blick auf den Black River Waterfall bei Le Pétrin. Ein betonierter Weg führt zum Aussichtspunkt, einige Händler bieten hier Souvenirs an.

GRANDE RIVIÈRE NOIRE

[120 B1–2] 6 km südlich von Tamarin ist das Zentrum der Hochseefischerei. In der Hochsaison zwischen März und November treffen sich hier die Profis der Hochseefischerei, veranstalten Wettkämpfe und ziehen bis zu 650 kg schwere Blaue Marline und andere Großfische aus dem Wasser *(Kosten ca. 200 Euro für einen sechsstündigen Ausflug)*

MARCO POLO Highlights »Der Südwesten«

★ **Black River Gorges National Park**
Die Fahrt vom Mare aux Vacoas nach Baie du Cap führt durch dichten Dschungel, durchzogen von Schluchten und Wasserfällen (Seite 68)

★ **Dinarobin Hotel Golf & Spa**
Sport und Wellness vom Feinsten (Seite 69)

★ **Küstenstraße nach Souillac**
Die Fahrt vom Morne Brabant nach Souillac ist die landschaftlich reizvollste Küstenfahrt auf Mauritius (Seite 69)

★ **Varangue sur Morne**
Küche und Aussicht konkurrieren in diesem Restaurant auf dem »Dach von Mauritius« (Seite 66)

ÜBERNACHTEN

Island Sports Club **[120 B2]**
Am Mündungstrichter der Rivière Noire gelegenes Hotel. Schwarzer Sandstrand mit kleinen Dünen, breites Sportangebot. Neben dem Hotel liegt der Hochseefischerclub. *66 Zi., Tel. 483/53 53, Fax 65 47, islsport@intnet.mu, €€*

ZIEL IN DER UMGEBUNG

Black River Gorges National Park **[120–121 C–D 2–3]**
★ Mehrere Naturschutzgebiete wurden zum Black River Gorges National Park zusammengefasst. Mit 6574 ha nimmt er immerhin 3,5 Prozent der Inselfläche ein. Die Landschaft ist entsprechend abwechslungsreich. Sie reicht vom Gipfel des 828 m hohen *Black River Peak,* des höchsten Bergs der Insel, bis zum dichten Regenwald entlang der Steilhänge der *Savanne Mountains.* Innerhalb der Parkgrenzen wachsen 150 endemische Pflanzenarten und leben allein neun bedrohte, einheimische Vogelarten. Leider ist der Nationalpark für Wanderer eher schlecht erschlossen. Empfehlenswert sind nur die Wege durch den *Macchabée Tropenwald,* die *Black River Gorges* und auf den *Black River Peak (Piton de la Petite Rivière Noire),* von wo aus die Sicht bis La Réunion reicht. Das Besucherzentrum im Park informiert über Flora und Fauna sowie Freizeitmöglichkeiten. Da es nachmittags oft regnet, sollte man die Gegend möglichst früh am Tag besuchen. *Tel. 464/40 16 und 29 93*

Insider Tipp

LE MORNE BRABANT BEL OMBRE

Der markante Berg Le Morne Brabant **[120 A4]** (556 m) auf einer Halbinsel ist von schönen Stränden umgeben. Im 19. Jh. kam es hier zu

Wandern und Erholen im Black River Gorges National Park

einem tragischen Missverständnis. Während der französischen Herrschaft entlaufene Sklaven hatten den Berg als Versteck genutzt. Als die Engländer die Sklaverei abgeschafft hatten und Polizisten auf den Berg schickten, um den Menschen von ihrer Freiheit zu berichten, glaubten sie sich entdeckt und stürzten sich aus Furcht und Verzweiflung vom Fels in den Tod. Eine Besteigung des Bergs ist nur in Seilschaft und mit Genehmigung möglich.

Lohnend ist die Fahrt entlang der Küste vom Morne Brabant über das bunte kreolische Dorf *Baie du Cap* mit Polizei und Postamt in typisch kreolischen Häusern bis nach Bel Ombre **[120 C5]**. Die *Zuckermühle* von Bel Ombre ist eine der letzten der Insel, die noch aktiv sind. Die ★ *Küstenstraße nach Souillac* führt vorbei an Fischerbooten, bunten Häusern, kleinen kreolischen Läden und durch eine wellige Hügellandschaft.

ESSEN & TRINKEN

Le Domino

Restaurant mit kreolisch-chinesischer Küche und spektakulärer Aussicht am Nordhang des Morne Brabant. Wechselnde Öffnungszeiten, Reservierung empfohlen. Auf Anfrage führt der Besitzer auch Exkursionen mit Jeep oder zu Fuß auf den Morne Brabant durch. *Tel. 453/66 75,* **€€**

ÜBERNACHTEN

Berjaya Le Morne **[120 A4]**

Am südwestlichen Ende der Halbinsel gelegenes Hotel mit Kasino. Das Haus ist beliebt bei Windsurfern, die hier besonders zwischen Juni und September ein Dorado finden. Gutes Sportangebot, großer Swimmingpool und zwei Restaurants. *200 Zi., Tel. 450/58 00, Fax 56 70, www.mauritius-island.com/berjaya,* **€€€**

Dinarobin Hotel Golf & Spa **[120 A4]**

★ Nagelneues, intimes Luxushotel mit 172 eleganten Suiten und einem exquisitem Spa-Wellnesszentrum. Der breite Strand, ein großer Swimmingpool und der professionelle Service lassen keine Wünsche offen. Die Nutzung aller Einrichtungen des Hotels Le Paradis inklusive des Golfplatzes ist für Dinarobin-Gäste eingeschlossen. *Tel. 401/49 00, Fax 49 01, www.beachcomber-hotels.com,* **€€€**

Le Paradis **[120 A3]**

Das First-Class-Hotel mit angeschlossenem Bungalowkomplex wurde 2001 komplett renoviert. Sehr schöner Strand, breit gefächertes Sportangebot, herrlich gelegener Golfplatz (18 Loch, Par 72, 5899 m, Greenfee 11 Euro für Hotelgäste bzw. 80 Euro für Besucher). Es gibt vier Restaurants, eines liegt direkt am Strand. *280 Zi., 13 Privatvillen, Tel. 401/50 50, Fax 450/51 40, www.beachcomber-hotels.com,* **€€€**

Les Pavillons **[120 A4]**

Lebhafte und bunte Anlage mit überwiegend jungem Publikum und gutem Sport- und Unterhaltungsangebot. Lockere Atmosphäre, gute Gastronomie und schöner Miniclub. *149 Zi., Tel. 401/40 00, Fax 450/52 48, www.naiade.com,* **€€€**

ZIEL IN DER UMGEBUNG

Insider Tipp

Ile aux Bénitiers **[120 B3]**
Beliebte Badeinsel in einer weiten, türkisblau schimmernden Lagune. Bootsverbindungen vom Hotel Paradis; auch Fischer an den Stränden von *La Gaulette* und *Grande Case Noyale* setzen Touristen über. Die Gemüsebauern der Insel waren einst die Hauptlieferanten für Kokosnüsse.

SOUILLAC

[121 F5] Fischerstädtchen mit natürlichem Hafen. Der Ort besteht aus kaum mehr als einem unverhältnismäßig großen Busbahnhof, einer Kirche, einem Hindutempel, einem Park und einer Handvoll Läden. Trotz des schönen Strands ist Souillac wegen der starken Strömung, die dort im Wasser herrscht, kein Badeort.

SEHENSWERTES

Gris Gris
Aussichtspunkt am südlichen Ortsende. Parkplatz und Erfrischungsstände machen Gris Gris zum Treffpunkt. Einen schöneren Blick auf die Brandung hat man etwas weiter am »weinenden Felsen« *(La roche qui pleure)*.

Park Charles Telfair
Park mit gewaltigen Bäumen, ein kühler Ruheort, in dem Einheimische Boules spielen. Er liegt auf einem kleinen Hügel über dem Meer.

Rochester Falls
»Très compliqué«, sagen die Jungen, wenn man am nördlichen Ortsrand nach den Wasserfällen fragt, und bieten an, mit dem Fahrrad vorauszufahren. Tatsächlich gibt es nur wenige Wegweiser. Den Preis für den »Guide« sollten Sie vor der Fahrt aushandeln. Das Wasser der Rochester Falls stürzt zwar nur 15 m tief, doch die liebliche Landschaft drumherum macht den Ort zu einem Idyll.

MUSEUM

Musée Robert Edward Hart
Refugium des mauritischen Poeten Robert Edward Hart, der hier 1954 im Alter von 63 Jahren gestorben ist. Hart stammte aus Port Louis, war zunächst Journalist und Bibliothekar, ehe er Gedichte und fünf Romane schrieb, für die er von der Académie Française geehrt wurde. Das Wohnhaus und Museum liegt auf dem Weg nach Gris Gris direkt am Meer und wurde 2001/02 renoviert. Es zeigt Möbel, Porträts des Dichters sowie seine Veröffentlichungen. *Tgl. außer Mi 9 bis 16, Sa/So 9–12 Uhr, Eintritt frei*

ESSEN & TRINKEN

Le Batelage
Kleines kreolisches Restaurant, idyllisch am Hafen von Souillac in Riambel gelegen. Landestypisches Flair, hübsche Terrasse. *Di–So 12 bis 15 Uhr, Tel. 625/60 83, €*

Insider Tipp

St. Aubin Table d'Hôte
Auf Voranmeldung kann man im wunderschönen kreolischen Herrenhaus von 1819 ein kreolisches Mittagsmenü genießen. Ein Rundgang durch die Räumlichkeiten mit historischen Möbeln, den Garten und die Anthurien- und Vanille-

zucht schließt den Besuch ab. Sehr empfehlenswert! *Tgl. auf Voranmeldung, Tel. 626/15 13, €€*

ZIELE IN DER UMGEBUNG

Insider Tipp

Bois Chéri [121 F3]
Teeplantage mit kleinem Museum, in der Anbau, Herstellung und Verfeinerung des Tees erläutert werden. Die anschließende Teeprobe ist im Preis inbegriffen. *Mo–Sa 8.30 bis 15.30 Uhr, Eintritt 150 Rupien, Kinder 50 Rupien*

Krokodilfarm La Vanille [121 F5]
7 km nordöstlich von Souillac ist im indisch geprägten *Rivière des Anguilles* die Krokodilfarm unübersehbar ausgeschildert. Zu sehen sind außer Dutzenden von Krokodilen Wildschweine, Affen, Riesenschildkröten und kleine Reptilien. Entlang eines üppig bepflanzten *Nature Walk* laufen Sie durch ein tropisches Waldstück mit kleinen Kaskaden. Snack Bar. *Tgl. 9.30–17 Uhr, Eintritt 140 Rupien, Kinder 55 Rupien*

Pointe aux Roches [121 D–E5]
Strand an der reizvollen Strecke zwischen Bel Ombre und Surinam. So stolz ist man auf den Küstenstreifen, dass am Meer ein Aussichtsturm errichtet wurde.

Insider Tipp

Vallée des 23 Couleurs [121 E4]
Bei Bauarbeiten legte der Besitzer der Plantage 1998 Erdreich frei, das in 23 Farben und hundert Schattierungen zwischen Grau und Blau, Rot und Violett schimmert – eine geologische Sensation, die sein Gemüse- und Obstunternehmen promt zum Ausflugsziel gemacht hat. Rundweg mit zahlreichen kleinen Wasserfällen, in deren Becken das Baden erlaubt ist. Kleiner Ausstellungsraum und Café. *Von Chemin Grenier Richtung Mont Blanc, dann ausgeschildert, tgl. 9–17 Uhr, Eintritt 150 Rupien, Kinder 75 Rupien*

Kinder genießen ein erfrischendes Bad in der Brandung

Eine Stadt an der anderen

Das Ballungsgebiet des Westens bietet wenig Sehenswürdigkeiten, aber viele Einkaufsmöglichkeiten

Die Strände des Westens erstrecken sich von der Ortschaft Flic en Flac bis nach Tamarin. Viele Familien und junge Paare machen hier Urlaub – der schöne Sandstrand, die ruhige Lagune und vor allem die Sunset Cocktails sind sehr beliebt. Vor Tamarin, gegenüber der Mündung des gleichnamigen Flusses, liegt der beste Surfspot von Mauritius. Zwischen Juni und August rollen hier meterhohe Wogen an die Küste, da das Korallenriff an dieser Stelle unterbrochen ist. Wellenreiter und andere Globetrotter finden in der kleinen Ortschaft günstige Übernachtungsmöglichkeiten abseits der großen Strandhotels.

Im Hinterland ziehen sich Kilometer um Kilometer Städte über die Hochebene. Im 19. Jh. als eigenständige Siedlungen gegründet, gehen sie mittlerweile nahtlos ineinander über und ähneln sich sehr. Hauptanziehungspunkte für Touristen sind die Einkaufszentren und Lagerverkäufe *(Factory Shops)* der Bekleidungs- und Schmuckhersteller. In üppigen Gärten verstecken sich einige Kolonialvillen, und im südlichen Hochland wird schmackhafter Hochlandtee angebaut.

Nicht das Matterhorn, sondern der Mont du Rempart

Wassersport und Badefreuden: Strand am Hotel La Pirogue bei Flic en Flac

CUREPIPE/FLORÉAL

[117 D–E5] Als um 1850 in Port Louis und Mahébourg Malariaepidemien ausbrachen, zog damals, wer es sich leisten konnte, in die Hochebene (540 m) mit ihrem gesunden Klima. So entstand Curepipe. Mit 65 000 Einwohnern ist sie die zweitgrößte Stadt der Insel und gilt vielen als die heimliche Hauptstadt, weil hier wichtige Behörden und die Radio- und Fernsehstation ihren Sitz haben. Es gibt hier die beste Schule, das Royal College, und sogar ein mondänes Spielkasino, in dem Sie Ihr Geld unter die Leute bringen können.

Schon lange nicht mehr aktiv: der Vulkankrater Trou aux Cerfs in Curepipe

Curepipe ist die regenreichste und kühlste Inselstadt, Pullover und Regenschirm können nützlich sein. Im eleganten Vorort Floréal wohnt, wer Geld hat. In einigen der schönen Kolonialvillen residieren ausländische Botschaften.

SEHENSWERTES

Insider Tipp

Botanischer Garten Sir Seewoosagur Ramgoolam

Viel kleiner als der Garten von Pamplemousses, aber mit ebensolchem Charme. Treffpunkt der Liebespärchen. *Eintritt frei*

Domaine des Aubineaux

Bei Curepipe steht eines der schönsten Herrenhäuser von 1872. In der weißen Villa wohnte bis 1999 die letzte Besitzerin Louise-Myriam Harel. Die Einrichtung der Räume blieb fast unberührt, es wirkt eher wie ein lebendiges Haus als wie ein Museum. 30-minütige Tour durch Haus und Garten mit anschließender Teeprobe. *Bois Chéri, Tel. 626/ 15 13, Mo–Fr 8.30–16, Sa 8.30 bis 12 Uhr, Eintritt 150 Rupien, Jugendliche bis 18 Jahre 75 Rupien*

Kirche St. Hélène

Basilika mit schönen Fenstern, besonders einer Fensterrose über dem Hauptportal. Mit etwas Glück ist der Aufgang zum Turm geöffnet; herrliche Aussicht über Stadt und Umgebung. *Royal Road, am Ortsausgang Richtung Phoenix*

Kirche St. Thérèse

Dreischiffige römisch-katholische Kirche. Neogotik mit eindrucksvoller Deckenkonstruktion. *Royal Road*

Rathaus

Altes englisches Kolonialhaus (1890) aus Holz mit vier Ecktürmen, schöner Veranda, Freitreppen und Eisengittern; erst kürzlich renoviert. *Gegenüber der Kirche St. Thérèse, neben der Carnegie Library, Royal Road*

Townhall Gardens
Kleiner Park hinter dem Rathaus mit einer Bronzestatue von Paul und Virginie. Die Skulptur schuf Prosper d'Epinay.

Trou aux Cerfs
★ Der 650 m hohe Vulkankrater ermöglicht gleichermaßen einen Einblick in die geologische Geschichte und einen Ausblick über die Insel, mit etwas Glück bis zur 170 km entfernten Nachbarinsel Réunion. Im 85 m tiefen Kraterloch hat sich ein sumpfiges Biotop, umgeben von einem kleinen Wäldchen, gebildet. Die Straße führt im weiten Kreis auf dem Kraterrand entlang.

ESSEN & TRINKEN

La Cléf des Champs
Französische Küche bei Frau Dalais. Charmantes Ambiente. Von Einheimischen sehr empfohlen. *So–Fr 12–15 und 19–22 Uhr, samstags nur abends, Queen Mary Avenue, Floréal, Tel. 686/34 58,* €€

Le Gaulois Restaurant
Fünf Tische, für mauritische Verhältnisse gemütlich. Spezialitäten: King Prawns und Krabben. *Tgl. außer So 9.30–18 Uhr, Rue Dr. Ferrière, links vom Eingang der Arcades Salaffa,* €€

La Nouvelle Potinière
Rustikal-elegant. Spezialitäten: Meeresfrüchte und Palmherzsalat. *Mo–Sa 9.30–14.30 und 18.30 bis 24 Uhr, im Hillcrest Building, Sir Winston Churchill Street, Tel. 678/26 48,* €€

MARCO POLO Highlights »Der Westen«

★ **Trou aux Cerfs**
Vom Vulkankrater in Curepipe hat man den schönsten Blick auf die Berge von Mauritius (Seite 75)

★ **Floréal Boutique**
Schnäppchenverdächtig: Mit etwas Glück bekommen Sie hier günstig begehrte Markenkleidung (Seite77)

★ **Casela Bird Park**
Nur der Dodo fehlt im Vogelpark bei Tamarin (Seite 80)

★ **Hotel Gool**
Bei »Gool« in Beau Bassin gibt es Nahrung für Geist und Magen – 24 Stunden am Tag (Seite 79)

★ **Tamarin**
Fototapete in natura: Hinter der Lagune von Tamarin schiebt sich das »Matterhorn von Mauritius« über den palmengesäumten Strand (Seite 80)

Markt in Curepipe, der Stadt mit den besten Einkaufsmöglichkeiten

EINKAUFEN

Curepipe ist die Stadt mit den besten Einkaufsmöglichkeiten auf der Insel und lohnt einen Besuch. Es gibt Markthallen (Lebensmittel, Kunsthandwerk und Blumen), Einkaufspassagen und außerdem die Möglichkeit, direkt in Fabriken Waren zu erwerben. Die Passagen erstrecken sich entlang der Royal Road: Die *Arcades Salaffa* bestehen aus etwa drei Dutzend Läden der unteren und mittleren Preiskategorie, vor allem Boutiquen.

Insider Tipp In der *Galerie Dabee* sowie den *Arcades Continental* und *Arcades Currimjee,* kurz *Les Arcades* genannt, findet man Designerkonfektion, junge Mode, Antiquitäten und Souvenirs. *Do sind die Geschäfte ab 13 Uhr geschlossen, Mi und Sa ist Markttag*

Antiquitäten

L'Antiquaire bietet Kleinmöbel, Lampen, Bettwäsche und Geschirr an. *Emile Sauzier Street, Mo–Mi und Fr/Sa 9.30–17.30, Do 9.30 bis 13 Uhr*

Chinaprodukte

Beautés de Chine verkauft chinesisches Porzellan, Schnitzereien, Tischwäsche, Jade, Kupfer sowie kleine Antiquitäten aus China. *Les Arcades, Route du Jardin, Mo–Sa 9.30–17.30, Do 9.30–13 Uhr*

Lederwaren

Fabrikverkauf von Taschen, Koffern, Gürteln etc. in der *Hémisphère Sud, Free Zone Road, Plaine Lauzun, Mo–Fr 9–17 Uhr*

Maritimes

Marinemöbel, Schiffskoffer, Reiseschreibtische und Schubladenkästen gibt es in der *Galerie de la Marine.* Hier werden auch besonders schöne Schiffsmodelle angeboten, sie stammen allerdings nicht aus eigener Produktion. *Royal Road, neben der Kathedrale, Mo–Sa 9.30 bis 17.30, Do 9.30–13 Uhr*

Schiffsmodelle

In der *Company Maquette José Ramar,* kurz: *Comajora,* der ältesten und größten Schiffsmodellfabrik der Insel, kann man bei der Herstellung der handgearbeiteten *maquettes* zusehen, direkt einkaufen und Modelle bestellen. Die günstigsten

Schiffe kosten um 200 Euro. *Am südlichen Ortsausgang rechts einbiegen in die Brasserie Road, Forest Side (ausgeschildert), Mo–Fr 9–16, Sa 9–13 Uhr*

Schmuck
In der Diamantenschleiferei *Adamas* kann man gegen Devisen und Vorlage des Reisepasses Schmuck und Uhren, vor allem jedoch Diamanten zollfrei einkaufen (spätestens 48 Stunden vor dem Abflug). *Mangalkhan Lane, Mo–Fr 9–16, Sa 9–12 Uhr*

Strickwaren
In der ★ *Floréal Boutique* werden auf zwei Etagen günstige Pullover, Polohemden und T-Shirts für Erwachsene und Kinder verkauft, zum Teil handelt es sich dabei um Markenware. Zum Geschäft gehört außerdem ein interessantes Textilmuseum. *Mangalkhan Lane, in unmittelbarer Nähe der Diamantenschleiferei, Mo–Fr 9.30–17, Sa 9.30 bis 13 Uhr*

ÜBERNACHTEN

Gästehaus
In der *Auberge de la Madelon* können Sie für ungefähr 20 Euro im Doppelzimmer übernachten. Sehr einfache, aber ordentlich geführte Unterkunft. *Pope Hennessy Street, Tel. 676/15 20, €*

Mandarin Hotel
Einst war es ein prächtiges Hotel. 1995 wurde es aufwändig, wenn auch nicht immer stilvoll renoviert. Im Haus befindet sich eine beliebte Diskothek. *98 Zi., Royal Road, Floréal Tel. 696/50 31, Fax 686/68 58, €–€€*

AM ABEND

Genügend Unterhaltung für einen ganzen Abend gibt es im ehemaligen *Palladium:* Restaurants, Diskotheken *(Lords of the Night* und *Around Midnight)* und Kasino in einem dreistöckigen Haus, das griechisch-römische, indische und arabische Stilelemente vereint. Im Kasino *Pallagames:* einarmige Banditen, Black Jack und Karaoke-Shows. *Direkt an der Autobahn, 12 km südlich des Zentrums von Port Louis. Diskothek: Mi, Fr, Sa 23–4 Uhr, Eintritt 200 Rupien, Musik, Séga und aktuelle Hits; Kasino tgl. 20.30–4, Restaurant Di–So 18–22 Uhr, €€*

Spielkasino
Neben Roulette auch Black Jack, Restaurants, Unterhaltung und Tanz. Überraschend vornehm. Krawattenzwang. An den einarmigen Banditen im Nebengebäude kann man *ab 10 Uhr* spielen, selbst dort sind lange Hosen und Ärmel vorgeschrieben. *T. de Buch Street, an der Ecke Boulevard Victoria und Rue Thérèse, tgl. 20.30–4, So und feiertags ab 14 Uhr*

AUSKUNFT

Stadtplan gegenüber der Kirche St. Thérèse, *Royal Road*

ZIEL IN DER UMGEBUNG

Mare aux Vacoas **[121 E2]**
Größter Binnensee und wichtigstes Wasserreservoir der Insel; Wasserkraftwerk. Durch die Höhe (600 m) kühle Temperaturen. Mit dem Laub- und Kiefernwald erinnert die Landschaft mehr an Finnland als an die Tropen.

FLIC EN FLAC WOLMAR

[116 A4–5] Der lange Strand zählt zu den schönsten der Insel. Ungefähr 100 m vom Ufer entfernt brechen sich die Wellen am Riff. Durch die vielen, weit verstreuten, mehrstöckigen Neubauten ist Flic en Flac mittlerweile sehr zersiedelt. Die meisten Hotels befinden sich am südlicheren Strandabschnitt Wolmar. Flair hat nur der ursprüngliche Ortsteil mit den alten Fischerhäusern, kleinen Läden und der Bar *Tom und Jerry.* Außerdem empfehlenswert: *Sea Breeze* (chinesische Küche, *€€*) und *Le Filao* (Meeresfrüchte, *€*)

ÜBERNACHTEN

Hilton Mauritius Resort

Neues Luxushotel am Strand von Wolmar. Sehr ansprechende Architektur, höchster Komfort und guter Service. Drei ausgezeichnete Restaurants, darunter das *Ginger Thai Restaurant,* großes Sportangebot und Spa. *193 Zi., Wolmar, Tel. 403/10 00, Fax 11 11, www.hilton.com, €€€*

Insider Tipp

La Pirogue Hotel

Eines der ersten Hotels der Insel und beliebt wie eh und je – lebhaftes, buntes Publikum und Unterhaltungsangebot. Runde, reetgedeckte Bungalows im Palmenhain am Strand bei Flic en Flac. *248 Zi., Wolmar, Tel. 453/84 41, Fax 84 49, www.lapirogue.com, €€*

Sofitel Imperial

An eine Pagode erinnert der Bau am breiten Strand von Wolmar. Alle Zimmer mit Blick aufs Meer, riesiger Pool. *143 Zi., Wolmar, Tel. 453/87 00, Fax 419/26 04, sofitel@bow.intnet.mu, €€–€€€*

Sugar Beach

Elegantes Hotel im Kolonialstil direkt neben dem Hotel La Pirogue. Sehr gelungener Miniclub, wunderschöne Gartenanlagen. *238 Zi., Wolmar, Tel. 453/90 90, Fax 91 00, infosbr@sunresort.com, €€€*

Les Tamarins

Luxuriöser Bungalowkomplex mit Pool und Tennisplatz. 200 m zum Strand. Verpflegung auf Wunsch möglich. *Buchung über Ward Enterprises Ltd., Tel. 238/99 64, Fax 96 86, €–€€*

Villas Caroline

Hübsche, familienfreundliche Anlage am Strand nahe dem Ortszentrum von Flic en Flac. Helle, saubere Zimmer, entspannte Atmosphäre, Pool und Sportangebot mit guter Tauchschule. *74 Zi., Tel. 453/84 11, Fax 81 44, caroline@intnet.mu, €€*

QUATRE BORNES BEAU BASSIN ROSE HILL

[116–117 C–D 3–4] Quatre Bornes (72 000 Ew.) wird wegen des wirtschaftlichen Aufschwungs die »Millionärsstadt« genannt. Besucher kommen vor allem wegen des großen Kleidermarkts her, auf dem man besonders günstige Einzelstücke (Strickwaren, Hemden, Jeans etc.) finden kann. Auf Mauritius ist Beau Bassin, die nördlichste der sie-

Insider Tipp

Der lange Strand bei Flic en Flac ist einer der schönsten auf Mauritius

ben aneinander hängenden Städte, wegen des ★ *Hotels Gool* bekannt, jenes außergewöhnlichen Lokals, das rund um die Uhr geöffnet hat und Treffpunkt für Nachtschwärmer ist. Im Volksmund heißt es deshalb »No Door«. Ursprünglich wollte sich der Wirt auf diese Weise die Kosten für einen Nachtwächter sparen. Im Hintergrund des düsteren Stehimbisses spielt indische Musik, und aus einem Seitenraum dröhnt der Radau von Videospielautomaten. Gool, der Wirt, ist ein gebildeter Inder, fast schon ein Philosoph, dem ein anregendes Gespräch wichtiger erscheint als der Verkauf seiner Snacks. *Royal Road am Kreisverkehr bei Postamt und Polizeistation; 24 Stunden geöffnet,* €

Nahtlos erscheint der Übergang in die Geschäftsstadt Rose Hill, in der sich alles Leben rund um die »Plaza« mit dem Rathaus, der Bibliothek und dem Theater abspielt. Im Nachbargebäude der städtischen Behörden richtet die *Galerie Max Boulle* sporadisch Ausstellungen mauritischer Künstler aus *(Mo–Sa 10–18 Uhr)*. Mit den Einkaufsmöglichkeiten macht Rose Hill inzwischen Curepipe Konkurrenz. Die wichtigsten Einkaufszentren sind *Arcade Sunassee* an der *Royal Road, Atrium Shopping Centre* in der *Vandermeersch Street* und *Les Galeries Evershine* im neuen *Commercial Complex* Insider Tipp

ESSEN & TRINKEN

King Dragon
Hervorragendes China-Restaurant mit Café, Restaurant und einem Nachtclub. *Tgl. außer Di, St. Jean Road, Tel. 424/78 88,* €€

ÜBERNACHTEN

El Monaco
Weitläufige Anlage mit Pool. Sehr gutes Preis-Leistungs-Verhältnis. *94 Zi., 17, St. Jean Road, Tel. 425/26 08, Fax 10 72,* €€

AM ABEND

Queen's Club
Einer der beliebtesten Nachtclubs in Quatre Bornes. *Fr/Sa ab 23 Uhr, Eintritt ca. 5 Euro*

Seggae
An manchen Wochenenden finden Konzerte mit einer Mischung aus Séga und Reggae statt. *Rose Hill, ab 20 Uhr, Plaza Theatre, Eintritt wechselt, manchmal frei*

TAMARIN

[116 A–B5] ★ Am Strand von Tamarin steht das »Matterhorn von Mauritius«, der Berg, der eines der Wahrzeichen der Insel ist.

Die meiste Zeit über liegt die breite Mündungsbucht der Flüsse Rivière Tamarin und Rivière du Rempart friedvoll da. Zwischen Juli und September aber entstehen hier Wellen, von denen Surfer auf der ganzen Welt schwärmen.

Rund um den regenarmen Ort liegen Salinenanlagen, die mit der Zeit immer öfter Siedlungsgebieten weichen müssen. Noch stapelt sich aber das Salz hier.

SEHENSWERTES

Casela Bird Park **[116 B4–5]**
★ Der Vogelpark ist eine weitläufige Anlage mit dem schönen Terrassenrestaurant *Le Mirador*. Neben 2500 Vögeln (140 Arten, darunter auch die, die nur auf Mauritius vorkommen) gibt es Raubkatzen, Affen, Fische und Javahirsche zu sehen. *Tgl. 9–18 Uhr (in den Monaten April–Sept. 9–17 Uhr). Eintritt 160 Rupien, Kinder 20 Rupien*

Land der Lebenden und der Toten

So sieht der mauritische Dichter Robert Edward Hart seine Heimat

Nichts ist süßer für meine Seele als dieses Land, in dem ich geboren wurde. Nichts ist höher als der Himmel hier, und nichts ist sicherer als der Indische Ozean, der den Schwung des Schiffes meiner Eltern hier aufgehalten hat. Ich habe die Seele der Heimat gefunden, wo sich mein Herz nun ausruhen kann. Hier kann ich meine Kindheit wachrufen, inmitten der Landschaft, in der meine Ahnen schlafen; und über den Boden gebeugt kann ich lauschen, wie er mir klar und laut mütterliche Ratschläge gibt. Hier bin ich selbst und so wie ich mich will: leidenschaftlich und sanft, frei und zart, traurig und froh. Boden, der Du mich genährt hast, hier kommt ein Dichter mit all seiner Liebe. Ein bisschen Asche aus einer hohlen Hand. Ich mische die Asche mit Deinem reichen und stolzen Boden. Kann daraus morgen eine schöne Rose erblühen?

ÜBERNACHTEN

Tamarin Hotel
Das einzige Hotel am Ort, einfach, Pool. *32 Zi., Tamarin Bay, Tel. 683/ 65 81, Fax 69 27, €–€€*

Zimmer
Für niedrigste Ansprüche (pro Tag ab 25 Euro). Publikum: Surfer. *Jacques Lagane, Tamarin Bay, Tel. 683/ 64 45, Fax 62 52, €*

FREIZEIT & SPORT

Surfen
Surfbretter und Unterricht für ca. 50 Euro pro Stunde bei Jacques Lagane *(Tamarin Bay, Public Beach Arc, Tel. 683/64 45)*. Schräg gegenüber kann man sich im *Surf Shop Islandstyle* passend einkleiden.

VACOAS/PHOENIX

[117 D5] Die Grenzen dieser Stadt festzulegen ist schier unmöglich; daher spricht man auch gerne von der Doppelstadt Phoenix-Vacoas (zusammen 92 000 Ew.). Nach Phoenix ist übrigens auch eine der drei mauritischen Biersorten benannt. Dienstag und Freitag ist in Vacoas Markt *(Sivananda Road)*, teilweise in einer neuen Halle, aber auch an Ständen im Freien.

MUSEUM

Polizeimuseum
In einem historischen Lagerhaus wird die Geschichte der Armeen von Mauritius nacherzählt. *Mo–Mi und Fr/Sa 9–17, So 9–19 Uhr; So 19 bis 20 Uhr Wasserspiele im Garten, Eintritt frei*

EINKAUFEN

Diamanten
Fabrikverkauf und Besichtigung der Schleiferei. Notwendig: Pass und Rückflugticket. *Factory Showroom, Mon Desir 32, Bonne Terre, Tel. 425/78 15, Mo–Fr 9.30–17 Uhr*

Glas
Die *Phoenix Glass Gallery* stellt Souvenirs aus Altglas her. Sie können bei der Produktion zusehen. *Pont Fer, Phoenix, Mo–Sa 9–11 und 13–15 Uhr*

Textilien
Insider Tipp
Der *Phoenix Factory Shop* verkauft Restposten aus mehr als 50 Textilfabriken, vor allem sportliche Mode und Freizeitkleidung. *Palmerston Street 32, Phoenix, Mo–Sa 9 bis 17.30 Uhr*

AM ABEND

Diskotheken
Die älteste Diskothek der Insel besteht aus zwei Räumen mit jeweils eigenem Eingang, eigener Ausstattung und Atmosphäre. Im *Noiz* wird zu Dance- und Technomusik getanzt, im *Friends* werden eher Oldies gespielt. *Main Road, Vacoas, Fr/Sa 22 Uhr bis Sonnenaufgang. Eintritt Noiz 200 Rupien, Friends 100 Rupien, vornehm-sportliche Garderobe erwünscht*

FREIZEIT & SPORT

Golf
Mauritius Gymkhama Club. 18-Loch-Kurs (Par 68, 4873 m) auf baumbestandener Wiese. *Mo–Fr ab 5.30 Uhr bis zum Sonnenuntergang, Green Fee 50 Euro, Plain Williams, Vacoas*

Urlaub vom Urlaub

Die Touren sind in der Karte auf dem hinteren Umschlag und im Reiseatlas ab Seite 114 grün markiert

1 »MONTAGSROUTE«: DER OSTTEIL DER INSEL

Urlauber besuchen Mauritius wegen der Strände und seiner exklusiven Hotels. Und doch verpasst, wer den Tag nur am Meer verbringt, eine Landschaft von bezauberndem Reiz. Von eigenem Charme sind auch die kleinen Ortschaften inmitten der weiten Zuckerrohrfelder oder am Rand des Dschungels. Eine knapp 80 km lange Autofahrt von Mahébourg hinaut nach Poste de Flacq macht Sie mit dieser Seite der Insel vertraut. Die Tour dauert knapp einen Tag.

Die Tour durch den Osten der Insel sollten Sie an einem Montag unternehmen, dann ist Markt in *Mahébourg (S. 59)*, dem Ausgangspunkt dieser Route. Das verschlafene Städtchen ist der einzige größere Ort im Südosten der Insel. Kommt man von Westen, auf der A 10, nach Mahébourg, liegt auf der linken Seite der Tamilentempel *Shri Vinayaour Seedalamen (S. 60)* und auf der rechten Seite ein weiterer kleiner Gebetstempel. Nicht weit entfernt steht eine Kolonialvilla, in der seit 1950 das *Marinemuseum (S. 60)* untergebracht ist. Angeblich spukt es in diesem prächtigen Bau, im 19. Jh. jedenfalls sollen hier Gespenster zwischen dem halb verfallenen Mobiliar großartige Bälle gefeiert haben. Die Möbel wichen Vitrinen und Ausstellungsstücken, die geisterhafte Atmosphäre hat das Haus aber behalten. Nicht versäumen sollten Sie in Mahébourg den *Markt* mit Haushaltswaren sowie minimal fehlerhaften Textilien aus den Kleiderfabriken.

Im Becken des 90 m hohen Wasserfalls kann man baden: Cascade Chamarel

Die Fahrt auf der B 28 führt Richtung Norden. Mal nah am Meer, mal durch die Ausläufer der Berge schlängelt sie sich durch eine kaum bewohnte Region. Nur hin und wieder tauchen Ortschaften auf. Die kleinen Straßen dieser Dörfer sind kaum befestigt, die windschiefen Holzhütten geben mitunter ein Bild der Armut ab; oft aber sind ihre Wände in allen Farben des Regenbogens bemalt. Attraktionen gibt es wenige, sodass der unscheinbare Obelisk, der an die erste Landung der Niederländer erinnern soll, gern als Sehenswürdigkeit bezeichnet wird.

Selbst *Vieux Grand Port (S. 62)*, der, wie der Name es andeutet, einst wichtigste Hafen der Insel, ist heute ein unscheinbares Nest. Einen Besuch wert allerdings sind der unter Denkmalschutz stehende alte Friedhof und das Museum zur Geschichte der holländischen Besiedlung. Von nun an folgt die Straße der Küstenlinie. Linker Hand erhebt sich die 480 m hohe *Montagne du Lion,* deren Form – von Süden her – tatsächlich an einen liegenden Löwen erinnert. Hinter Providence zeigt in der Bucht Anse Jonchée ein Straßenschild zu den Naturparks *Domaine du Chasseur* *(S. 61)* und *Ylang Ylang (S. 62),* in denen man jagen, wandern und Tiere beobachten, aber auch sehr gut einkehren kann.

Bevor die Straße sich den Berg hinauf zur Domaine du Chasseur windet, passiert sie ein kleines Verwaltungsgebäude. Hier sollten Sie sich nach dem Zustand der Strecke erkundigen. Vor allem nach starken Regengüssen kann die Anfahrt problematisch werden. Dann besteht die Möglichkeit, sich mit einem Jeep abholen zu lassen. Knapp eine Viertelstunde dauert die Fahrt zum *Panorama-Aussichtsrestaurant.* Insider Tipp Dort, in den Ausläufern der *Bambou Mountains,* fühlt man sich in eine Oase der Ruhe versetzt. Das einzige, was man hört, ist das Zwitschern der Vögel und Kreischen der Affen. In den Wäldern leben auch Javahirsche, die von den Niederländern aus Indonesien eingeführt wurden, außerdem Wildschweine.

Dass viele Besucher gerade wegen der Wildbeobachtung kommen, hindert die Betreiber der Domaine nicht, ebendieses Wild als Spezialität in ihrem Restaurant anzubieten.

Wem zum Mittagessen der Sinn allerdings nach Meeresfrüchten steht, sollte sich mit einem Getränk an der Bar begnügen und bis *Bambous Virieux* gedulden. Nur wenige Kilometer weiter auf der B 28 Richtung Norden stehen an der *Pointe Bambou* die Steinhäuser des eigen-

Bei kurzen Entfernungen lässt sich die ganze Insel entdecken

Insider Tipp

willigen Hotels *Le Barachois* im flachen Wasser. Es ist von einer Austernzucht umgeben und bietet eine hervorragende Küche. Erst in dem Städtchen *Bel Air (S. 59)*, über das sich die Doppeltürme der Kirche Saint Esprit recken, verlassen Sie die B 28 und folgen der B 55 nach Westen in Richtung *Camp de Masque.*

Unterwegs präsentiert sich eine verschwenderische Natur. Vom Tal bis hinauf in die Höhen der Gebirgszüge *Fayence Mountains* und *Blanche Mountains* wachsen Hibiskussträucher, Bananenstauden, Palmen und Tausende wilder Blumen.

Von *Unité* aus fahren Sie auf der A 7 nach *Centre de Flacq (S. 57)*. Die Stadt liegt in der großen Ebene, eingebettet zwischen Reis- und Zuckerrohrplantagen. Während der Zeit der französischen Herrschaft war die Region rund um Flacq eine der dichtest besiedelten und produktivsten Gegenden von Mauritius. Hier stand Anfang des 19. Jh. die größte Zuckerraffinerie der Insel. Heute ist es um Flacq einsam geworden, nur an Markttagen herrscht ein reges Treiben.

Von Centre de Flacq aus folgen Sie der B 23 nach *Poste de Flacq (S. 57)*, wo auf einer Landspitze ein *Hindutempel* steht. Auf der anderen Seite der Bucht sind die Schemen des *Hotels Saint Géran* zu erkennen. Um es zu erreichen, folgen Sie der B 62 Richtung Süden, vorbei am neuen Golfplatz des Hotels Belle Mara Plage. An der Gabelung biegen Sie links zum Hotel Saint Géran ab, einem der schönsten der Insel. Hier lassen Sie den Tag am besten bei einem Cocktail oder mit einem Besuch im Kasino ausklingen.

2 »SÜDWESTPASSAGE«: DURCH ALLE KLIMAZONEN

Große Teile im Süden der Insel vermitteln noch heute einen Eindruck davon, wie Mauritius vor der Besiedlung ausgesehen hat. Lokale Unternehmen bieten dienstags und mittwochs organisierte Ausflugsfahrten in diese Region an. Am Wochenende unternehmen die Einheimischen Ausflüge in den Süden. Wer die Wildnis wild erleben möchte, sollte diese Tage meiden. Die vorgeschlagene Route ist etwa 60 km lang und nimmt einen Tag in Anspruch.

Die Tour beginnt südlich von *Floréal* und *Curepipe*, dort, wo sich die B 3 und die B 70 treffen, und folgt der kleinen Landstraße nach Süden in Richtung *Le Pétrin.*

Die Landschaft wird hügelig, Kiefernwälder dehnen sich aus. Die Gegend macht fast einen nordisch-herben Eindruck. Nach etwa 10 km erreicht man das *Mare aux Vacoas (S. 77)*, den größten Süßwassersee der Insel. Er wird sowohl als Trinkwasserreservoir genutzt als auch für den Betrieb eines Wasserkraftwerks. Ein Damm versperrt die Sicht auf den See. Alle paar Hundert Meter jedoch gibt es Treppen, über die man die Dammkrone erreichen kann. Sie befinden sich hier fast 600 m über dem Meer, es ist deutlich kühler als an den Stränden. Und noch immer führt die Straße bergauf.

Le Pétrin verdient es schwerlich, ein Ort genannt zu werden. Gerade zwei Häuschen stehen hier. Nicht zu übersehen ist deshalb der große Wegweiser zum Shivaratree

Auch Affen machen mal Pause

am *Grand Bassin (S. 67),* dem heiligen See der Hindus. Schon entlang der schnurgeraden Straße stehen kleine Altäre und Schreine. Um so überraschender ist der Anblick der großen Windkraftanlage am Pilgerparkplatz. Mauritius nutzt hier die südöstlichen Passatwinde als Energiequelle.

Von anderer Art ist die Energie, die sich die Hindus von einem Besuch des Grand Bassin versprechen. Angeblich besteht eine unterirdische Verbindung zwischen dem Grand Bassin und dem heiligen Fluss Ganges, der bei Kalkutta in den Indischen Ozean fließt. Nachweislich hingegen wurde Wasser des Ganges in das Grand Bassin gegossen; seither gilt auch dessen Wasser als heilig.

Wenn im Februar/März das Maha Shivaratree gefeiert wird, das größte Hindufest außerhalb Indiens, versammeln sich hier Hunderttausende weiß gekleidete Gläubige, die zu Fuß, auf Mopeds und mit Bussen zum See pilgern. Tanzend, betend und singend steigen sie in den See und streuen Blumenopfer aus. Den Rest des Jahres ist es ruhig. Halbzahme Affen springen herum und zeigen wenig Respekt vor Opfergaben. Bei gutem Wetter lohnt sich der Aufstieg über eine Treppe zum 700 m hohen Gipfel des *Piton Grand Bassin,* weniger des kleinen Tempels als der herrlichen Aussicht wegen.

Sie fahren zurück nach Le Pétrin auf die Hauptstraße und biegen links ab Richtung Süden. Über die bewaldete Hochebene *Plaine Champagne (S. 67)* erreichen Sie das Naturschutzgebiet *Macchabee Bel Ombre,* gewissermaßen das Dach von Mauritius. Die Landschaft ist karg, rau, bisweilen abweisend, alles andere als tropisch, doch allmählich ändert sich das Bild entlang der 20 km langen Strecke nach *Chamarel (S. 66).* Die holprige Straße nimmt zahllose Kurven, und immer wieder biegen kleine Pfade ab in die verborgenen Winkel des Hochlands. Schilder mit der Aufschrift »View Points« weisen auf lohnende Aussichtspunkte hin, darunter den über die Alexander Falls. Dann geht es auf unbefestigten Wegen durch Wälder dichten Gestrüpps hin zu steilen Klippen und spektakulären Schluchten: Bilder einer urwüchsigen Dschungellandschaft.

Der wohl schönste Aussichtspunkt ist *Black River Gorges,* etwa 8 km von *Le Pétrin* entfernt. 200 m vom Parkplatz entfernt öffnet sich der Blick auf einen gewaltigen Wasserfall. Die Schlucht, die der Fluss hier in den Berg gefressen hat, setzt sich fort bis zum

Ozean. Bei guter Sicht ist die Tamarin-Ebene zu erkennen wie auch der *Black River Peak (Piton de la Petite Rivière Noire)*, mit 828 m der höchste Berg der Insel. Ein dürftig beschilderter Wanderpfad zum Gipfel beginnt wenige Hundert Meter weiter südlich an der Straße; die Wanderung dauert etwa drei Stunden. Fürchten muss man sich weder vor den Turmfalken, die elegant am Himmel kreisen, noch vor den Affen, deren Geschrei aus den dichten Wäldern dringt.

Auf der Weiterfahrt empfiehlt sich eine Pause im Ausflugslokal *Varangue sur Morne*. Sie sitzen auf einer Veranda über Bananen- und Ananasplantagen.

Die Straßen werden immer schlechter, die Kurven enger, die Schlaglöcher tiefer. In *Chamarel* biegen Sie ab nach Süden und folgen in *Cachette* den Hinweisschildern nach *Terre des Couleurs (S. 66)*. Fortan geht die Fahrt durch Zuckerrohrfelder. Erste Attraktion auf diesem Privatweg ist linker Hand der 90 m hohe Wasserfall *Cascade Chamarel*. Das Ziel freilich ist das seltsame geologische Phänomen der »farbigen Erde«. Sanft gewellt liegt hier inmitten der üppigen tropischen Vegetation eine Reihe nackter Hügel. Auf den ersten Blick scheinen sie rostrot zu sein, tatsächlich aber schimmert ihr oxidiertes Lavagestein in sieben Farbtönen.

Zurück auf der Hauptstraße, folgen Sie ihr bergab Richtung Süden. Längst wird die Straße wieder gesäumt von Zuckerrohrfeldern. Während die raue Bergwelt im Rückspiegel verschwindet, öffnet sich auf der Fahrt nach unten eine geradezu pastoral anmutende Landschaft vor Ihnen. Am Horizont schimmert bereits wieder das Meer. Mit jedem Meter, den die Straße abfällt, steigt die Temperatur. Da kommt es recht, dass bei *Baie du Cap* wieder die ersten Kioske auftauchen, wo Sie sich nach der langen Fahrt mit kühlen Getränken erfrischen können.

Zuckerrohrfelder im bergigen Süden der Insel

Paradies für Wasser- und Landratten

Auf Mauritius wird Langeweile zum Fremdwort

Die sportlichen Vorlieben der Mauritier für Cricket und Pferderennen muten britisch an. Fußball, Leichtathletik und Tanz sind ebenfalls bei Einheimischen sehr beliebt.

Urlaubern steht eine breite Angebotspalette an Sportarten zur Verfügung. Die ruhige, strömungsarme Lagune bietet sich für Wassersport geradezu an, Wellenreiter kommen nur bei Tamarin auf ihre Kosten.

Das Sportangebot der Hotels ist auf Anfänger und Fortgeschrittene zugeschnitten: Aquagym, Kajak, Schnorcheln, Windsurfen, Katamarane, Hobiecats, Laserboote, Wasserski, Wakeboard, Tretboot – kaum ein Wunsch bleibt offen.

Die meisten Hotelanlagen verfügen über Tennisplätze und Fitnessräume mit modernen Sportgeräten. Nachmittags wird oft Beachvolleyball gespielt, Mountainbikes stehen bereit, und vielfach kommen noch Tischtennis, Bogenschießen, Minigolf, Boccia, Squash, organisierte Wanderungen, Yoga, Stretching und Aerobics hinzu. In den letzten Jahren entstanden vermehrt Golfterrains, die nicht zu Unrecht einen hervorragenden Ruf genießen. Anhänger von Extremsportarten können auf der Insel Paragleiten sowie Kletter- und Canyoningtouren unternehmen. Für Entspannung sorgen die Wellnesszentren (Spas) und Massagesalons der Hotels, sodass auch Geist und Seele beim Mauritius-Urlaub nicht zu kurz kommen.

Nachmittags am Strand

EXTREMSPORTARTEN

Canyoningtouren, Klettern und Jeepsafaris bieten *Aqualondë (Péreybère, Tel./Fax 263/92 87)*, *Yemada Adventures (Patrick Haberland, Tel. 752/00 46 oder 283/81 87)* und *Espace Aventure (Tel. 375/36 95, Fax 674/37 20)* an. Gleitschirmflieger können sich bei der *Association Sportive de Parapente (Tel. 631/96 78)* oder bei *La Tourelle Paragliding Club (Tel. 250/32 97)* nach Ausrüstungsverleih und Startplätzen erkundigen.

FAHRRADTOUREN

Alle Hotels verleihen Fahrräder *(Kosten ca. 15 Euro pro Tag bzw. 7 Euro pro Stunde)*. Besonders geeignet für Radtouren sind die verkehrsärmeren Strecken entlang der Ostküste, die Blue-Bay-Halbinsel im Südosten, der Morne Brabant sowie die Nordspitze der Insel bei Cap Malheureux. Etwas anspruchsvollere Strecken finden Mountainbiker in den Bergen der Domaine du Chasseur und im Black River Gorges National Park.

GOLF

Mehrere Hotels haben wunderschöne Golfplätze angelegt. Absolute Spitzenreiter sind die zwei 18-Loch-Championship-Parcours (Par 71) des Belle Mare Plage. Anspruchsvoll und herrlich gelegen ist auch das 18-Loch-Terrain (Par 72) der Hotels Le Paradis und Dinarobin am Morne Brabant, das auch öffentlich zugänglich ist.

Weitere 9-Loch-Golfplätze gehören zu den Hotels Saint-Géran, Coco Beach, Shandrani, Trou aux Biches und Maritim. In Vacoas können Golfer im Gymkhana Club (18 Loch) Mitglieder auf Zeit werden.

HOCHSEEFISCHEN

Mauritius gilt als Sportfischerparadies. Verschiedene Clubs bieten professionell ausgestattete Boote mit erfahrener Crew an. Für eine sechsstündige Angelpartie bezahlt man etwa 400 Euro; selten kehren die Yachten ohne Fang zurück. Hauptsaison für den begehrten Blauen Marlin ist von November bis April; Haie, Bonitos, Barrakudas und Thunfische beißen das ganze Jahr hindurch an. Buchungen und Informationen bei: *Centre de Pêche, Rivière Noire, Tel. 483/65 52 und 65 03; Beachcomber Fishing – Le Morne, Tel. 450/50 50; Corsaire Club, Trou aux Biches, Tel. 265/52 09; Killer Sport Fishing, Trou aux Biches, Tel. 423/60 91 und 265/65 95; Sportfisher, Grand Baie, Tel. 263/83 58*

REITEN

Auf dem Rücken der Pferde kann man die Strände von Belle Mare, Trou aux Biches und Flic en Flac erleben. Viele Hotels organisieren Ausritte (Kosten ca. 25 Euro für 30 Minuten). Kutschfahrten werden in den Hotels Coco Beach, Sugar Beach, La Pirogues sowie auf der Domaine des Pailles angeboten.

SEGELN

Von Juni bis September weht vor allem an der Ostküste eine steife Brise. In den Hotels steht die nötige Ausrüstung bereit, und man erhält Hilfe und bei Bedarf Privatstunden. Bleiben Sie innerhalb der Grenzen der Lagune, das Revier jenseits des Korallenriffs ist nur etwas für Experten. Katamarantouren entlang der Küste und auf vorgelagerte Inseln bei: *Croisières Australes und Harris Wilson (Nordwestküste), Tel. 670/43 01, Fax 676/55 30; Croisières Turquoises (Ost- und Südostküste) Tel. 631/83 47; Terres Océanes (Nordwestküste), Tel. 269/0795 oder 251/92 55, www.terresoceanes.com.* Über Yachtcharter mit und ohne Crew informieren die Hotels sowie *Yacht Charter Ltd., Grand Baie, Tel. 263/83 95.*

TAUCHEN

Über 50 interessante Reviere unterschiedlichen Niveaus sind per Boot innerhalb kurzer Zeit erreichbar. Tauchschulen bieten Kurse aller Niveaus nach internationalen Richtlinien an. Erfahrene Taucher sollten ihr Brevet, Logbuch und ein medizinisches Attest über Tauchtauglichkeit mitbringen.

Die Segel sind schon eingeholt, die Sonne geht auch langsam unter

UNTERWASSER-SPAZIERGANG

Nicht einmal die Frisur wird in Mitleidenschaft gezogen, wenn man mit einem luftgefüllten Glaskasten auf den Schultern über den Meeresboden wandelt und in hautnahen Kontakt mit bunten Fischen tritt. Bei Bello Mare, Cap Malheureux (Paradise Cove Hotel) sowie von den meisten Hotels der Nord- und Nordwestküste angeboten (Kosten ca. 30 Euro für 30 Minuten). *Underseawalk, Tel. 423/88 22, Embadilo, Tel. 423/70 82*

WANDERN

Vor allem die Bergwelt des Ostens und Südens bietet sich für Wanderungen an. Zur Grundausrüstung gehören bei sämtlichen Touren gutes Schuhwerk mit rutschfester Sohle, regenabweisende Jacke, Sonnen- und Insektenschutz sowie mindestens 1 l Wasser pro Person und Stunde. Brechen Sie früh auf! Interessante Bergtouren sind der 1,5-stündige Aufstieg auf den Montagne Lion (480 m) bei Vieux Grand Port und die Besteigung des Le Pouce (812 m) bei Port Louis (2–3 Std. bis zum Gipfel). Kletterfreunde können auch den spitzen Pieter Booth (823 m) erklimmen. Geführte Wanderungen werden von der *Domaine du Chasseur (im Osten, Tel. 634/50 97)* und von *Nature Forest (im Südwesten, Tel. 251/10 94) angeboten.*

WINDSURFEN

Die Lagune ist ein ideales Windsurferrevier. Alle Hotels stellen Bretter kostenlos zur Verfügung, auch Kurse werden angeboten. Könner schätzen zwischen Juni und Oktober das anspruchsvolle Gebiet vor der Südspitze der Morne-Brabant-Halbinsel. Insider Tipp

HOLLAND
HERCULES

Wasserspaß und tropisches Leben

Auf Mauritius können Kinder ihren Spaß im Wasser haben und außerdem noch eine fremde Kultur erobern

Kinder sind auf Mauritius gern gesehene Gäste. Das liegt sicher auch daran, dass Familien mit sechs oder mehr Sprösslingen auf der Insel keine Seltenheit sind.

In der seichten, warmen Lagune ohne gefährliche Strömungen und Wellen kann man gefahrlos plantschen. Mit etwas Phantasie entstehen aus Sand, Muscheln und Korallenstücken Schlösser und Burgen. Vor allem zu Weihnachten, Ostern und im Juli/August wohnen Altersgenossen in großer Zahl in den Hotels, und es gibt besonders viel Abwechslung.

Ins Gepäck gehören auf jeden Fall Badesachen, wasserfeste Sonnencremes mit hohem Lichtschutzfaktor und ein Sonnenhut. Als sehr zweckmäßig erweisen sich auch Badeschuhe zum Schutz gegen Seeigel und scharfkantige Korallenstücke. An den Hotels sind Strandabschnitte markiert, an denen man gefahrlos plantschen kann.

Die Strandhotels sind im Allgemeinen ausgesprochen familienfreundlich. Wer jedoch mit Anhang nach Mauritius reist, sollte bereits bei der Buchung darauf achten, dass die gewählte Unterkunft auf Kinder eingestellt ist. Wichtig sind sicher ein flacher Pool und ein umfangreiches Freizeitprogramm. Kinderermäßigungen variieren je nach Saison. Zu vielen Anlagen gehören Miniclubs, gut ausgestattete und kindgerecht eingerichtete Tagesstätten, in denen sich professionelle Teams um die 3–12-Jährigen kümmern. Es werden von morgens bis spätnachmittags Sportkurse, Theateraufführungen, Kostümfeste und Abenteuerspiele angeboten, selbst Filme und spezielle Menüs stehen auf dem Programm. Auch wenn die meisten Aktivitäten auf Englisch oder Französisch stattfinden, werden Kinder aller Nationalitäten problemlos integriert. Einige Hotels, darunter das Coco Beach, La Pirogue, Sugar Beach, St. Géran und Touessrok bieten zusätzlich besondere Räumlichkeiten und ein Freizeitprogramm für Teens an. Die Mitarbeiter der so genannten *@sun generation.com–Clubs* Insider Tipp sorgen dafür, dass den jungen Leuten nicht langweilig wird. Zum Programm gehören Ausflüge und Diskoabende. PCs mit Internetanschluss und einer großen Auswahl an Spielen

Gut gerüstet gehts gleich auf Entdeckungsfahrt

stehen zur Verfügung. Alle Clubs sind kostenlos.

DER NORDEN

Im Norden der Insel liegt Péreybère **[114 C2]** – ein beliebtes Reiseziel für Familien, vor allem wegen des herrlichen Badestrands und der guten Infrastruktur von Grand Baie. Ein beliebtes Ausflugsziel ist der botanische Garten von Pamplemousses **[114 B5]** mit seinem Riesenschildkrötengehege und der beeindruckenden Pflanzenwelt, die dortige Führer sehr anschaulich erklären können. *Tgl. 8–17 Uhr, Eintritt frei, Führer 50 Rupien pro Person*

Faszinierend sind Einblicke ins Leben unter Wasser, wie man sie in der Glasglocke des Bootes *Nessee (Abfahrt tgl. von Grand Baie, Tel. 674/36 95)* oder beim Tauchgang mit einem richtigen U-Boot der Gesellschaft *Blue Safari, Trou aux Biches, beim Coralia Mont Choisy Hotel, Tel. 263/33 33, Fax 33 34,* gewinnt. Bei einem solchen Ausflug kann man nicht nur Korallenfische und ein Wrack entdecken, sondern erlebt auch die faszinierende Technik eines U-Boots aus nächster Nähe.

PORT LOUIS

Vom Einkaufs- und Vergnügungskomplex Caudan Waterfront aus starten Hafenrundfahrten *(tgl. 10 bis 18.30 Uhr, Preis ca. 50 Rupien pro Person, Familienermäßigung),* die Einblicke in die Geschäftigkeit des riesigen Warenumschlagsplatzes ermöglichen. Die Ausstellung des *Musée de l'Histoire Naturelle, Mo, Di, Do und Fr 9–16, Sa/So 9–12 Uhr, Eintritt frei,* ist sehr sehenswert, auch wenn Sie hier wenig anfassen und ausprobieren können. Südlich von Port Louis ist die *Domaine les Pailles* ein lohnenswertes Ausflugsziel *(Tel. 212/42 25, Fax 42 26, www.domaineslespailles.net).* Hier können Sie eine Runde mit der nachgebildeten Eisenbahn oder auf einer historischen Kutsche drehen. In der original nachgebauten Zuckermühle erklären die Mitarbeiter, wie Zucker und Rum hergestellt werden.

DER OSTEN

Ein bei Alt und Jung beliebtes Ziel ist die Ausflugsinsel *Ile aux Cerfs* **[119 F4–5]** mit ihren breiten Stränden und der flachen Lagune. Dorthin gelangen Sie mit dem Boot ab der Ortschaft *Trou d'Eau Douce (150 Rupien pro Person);* nicht nur Kinder fühlen sich hier wie im Paradies. Wer noch nicht genug Spaß im Wasser hatte, kommt im *Waterpark Belle Mare Leisure Village* Inside Tipp *(10 bis 17 Uhr, Eintritt 300 Rupien, Kinderermäßigung, Handtücher müssen mitgebracht werden)* zweifelsohne auf seine Kosten. Auf der Hochgeschwindigkeitsrutsche, im Wellenbad und Kinderbecken mit Minirutschen können sich Kinder so richtig austoben.

Sehr abwechslungsreich ist auch ein Besuch der Jagddomäne *Domaine du Chasseur* **[123 D–E1]** *(Tel. 634/50 97, Fax 634/52 61, www.dchasseur.com, Preise variieren je nach Programm)* im Südosten bei Anse Jochée. Inmitten des naturbelassenen Waldes kann man Hirsche und Wildschweine entdecken, bei einer Falkenschau den seltenen Mauritiusturmfalken in freier Natur beobachten.

Mauritier haben viele Kinder, und sie lieben sie

Alles, was Kinder sich wünschen: Wie im Schlaraffenland fühlt man sich im *Coco Beach Hotel, Belle Mare, Tel. 415/10 10, Fax 18 88, www.cocobeach.com.* Das Angebot reicht von Ausritten und Mitarbeiten im Stall bis hin zu Fußballturnieren. Zum riesigen Büfett gehört ein Kid's Corner, und jeden Abend sind Shows und Tanz angesagt.

DER SÜDWESTEN

Im touristisch weniger erschlossenen Süden zieht vor allem der *La Vanille Crocodile Park & Tortoise Park and Nature Reserve* **[122 A5]**, *Senneville, Rivière des Anguille, tgl. 9.30–17 Uhr, Eintritt Erwachsene 140 Rupien, Kinder 55 Rupien,* Familien an. Hier leben Tausende der grobschuppigen Echsen. Weiterhin können Sie auf dem Gelände Affen, Schildkröten, Leguane, Frösche und viele andere Tier- und Pflanzenarten bewundern.

DER WESTEN

Unweit des Badeorts Flic en Flac liegt der *Casela Nature & Leisure Park* (Insider Tipp) **[116 B4]**, *Royal Road, Cascavelle,* direkt an der A 3 nach Süden. Faszinierend sind neben bunten Vogelarten auch die Großkatzen, Lemuren und Känguruhs, die hier in Gehegen leben. *März–Okt. 9–18, Nov.–Feb. 9–17 Uhr, Eintritt 130 Rupien, Kinder 40 Rupien*

Am schönen Strand von Flic en Flac **[116 A4]** breiten am Wochenende und an Feiertagen unzählige kreolische Großfamilien ihre Decken aus und sitzen beim Picknick beisammen. Wer Kontakt mit Einheimischen sucht, findet hier eine lebhafte und gastfreundliche Stimmung vor. Besonders in den familienfreundliche Hotels *Sugar Beach* (Insider Tipp) und *La Pirogue* bei Flic en Flac ist immer viel los: Die Abendshows erinnern an Disneyland und die Miniclubs an Märchenwelten.

Angesagt!

Was Sie wissen sollten über Trends, die Szene und Kuriositäten auf Maururius

Séga
Traditionelle Musik und Tanz der Sklaven sind heute so aktuell wie eh und je. Es ist lange her, seit die Séga als altmodische Musik des kleinen Mannes galt. Heute läuft in den Diskotheken moderne Séga im Wechsel mit westlichen Popsongs. Moderne Gruppen haben elektronisch verstärkte

Instrumente und moderne Rhythmen in die Musik einfließen lassen und singen von aktuellen Themen wie Toleranz, Umweltschutz und Völkerverständigung. Erfolgreich sind die Gruppen *Cassiya, Denis Azor, Ravannes sans frontières* und der Sänger *Fanfan.*

Galopprennen
Die Sportbegeisterung der Mauritier äußert sich sichtbar bei den von Mai bis September stattfindenden Rennen auf dem Champ de Mars in Port Louis. Hier treten am Samstagnachmittag die Vollblüter des *Mauritius Turf Clubs* an. Zehntausende Zuschauer fiebern dann mit ihren Favoriten mit.

Immer der letzte Schrei
Am Modebewusstsein der Mauritier wird spätestens nach dem Rennbahnbesuch niemand mehr zweifeln. Die Textilfabriken liefern stets hochaktuelle Mode, und junge Mauritier gehen mit dem Trend. Im Kleiderschrank vieler Mauritierinnen hängen Saris neben Jeans im aktuellen Look.

Disko
Wenn gerade keine religiösen Feiern und Familienfeste anstehen, treffen sich die jungen Erwachsenen am Wochenende in der Disko. Vor allem Grand Baie ist ein beliebtes Ausgehziel. Einheimische In-Clubs befinden sich außerdem in Quatre Bornes und Vacoas. In Port Louis bleibt abends nur die Caudan Waterfront belebt, wo man sich nach einem Kinofilm im Kasino oder in der Diskothek trifft.

Mehendi
Verheiratete Hindufrauen erkennt man am orange gefärbten Scheitel. Hände und Füße einer Braut werden mit kunstvollen Hennamalereien verschönert, die nach etwa einer Woche wieder verblassen. Wer das ausprobieren möchte: beim Hotelpersonal nach einer Mehendi-Fachfrau fragen!

Von Anreise bis Zoll

Hier finden Sie kurz gefasst die wichtigsten Adressen und Informationen für Ihre Mauritiusreise

ANREISE

Fast alle Menschen erreichen Mauritius heute mit dem Flugzeug. Air Mauritius *(Tel. 069/24 00 19 99)* fliegt die Insel von Deutschland, Österreich und der Schweiz in zehn bis elf Stunden direkt an. Weitere Direktflüge bietet Condor an *(Tel. 0180/233 71 30)*, Umsteigeverbindungen gibt es unter anderem mit Air France und British Airways. Ein Flug kostet zwischen 650 und 1000 Euro, Pauschalangebote sind oft lohnenswert. Der internationale Flughafen liegt im Südosten der Insel bei Mahébourg. Air Mauritius verlangt die Rückbestätigung aller Flüge mindestens 72 Stunden vor Rück- bzw. Weiterflug – bei Versäumnis kommt es häufig zu Stornierungen der gebuchten Plätze! Zwischen Mauritius und der französischen Nachbarinsel La Réunion verkehren Nachtfähren in unregelmäßigen Abständen. Die Überfahrt kostet 120 bis 200 Euro. *Informationen bei Mauritius Shipping Co. Ltd., Nova Building, 1 Military Road, Port Louis, Tel. 242/52 55 oder 241/25 50, Fax 242/52 45, www.mrushipping.com.* Regelmäßige Schiffsverbindungen für Passagiere aus Europa gibt es nicht mehr, allenfalls Kreuzfahrtschiffe legen für einen Tag auf Mauritius an.

AUSKUNFT

Mauritius Informationsbüro
Postfach 18 02 70, 60083 Frankfurt am Main, Tel. 0700/628 74 84 87, Fax 069/92 18 74 31

Mauritius Tourism Information Service (MTIS)
Kirchweg 5, 8032 Zürich, Tel. 01/388 41 00, Fax 01/388 41 03

Mauritius Tourism Promotion Authority (MTPA)
11th Floor, Air Mauritius Centre, Kennedy Street, Port Louis, Tel. 208/63 97, Fax 212/51 42, www.mauritius.net

AUTO

Auf Mauritius herrscht Linksverkehr. Im Kreisverkehr gilt rechts vor links. Die Geschwindigkeitsbegrenzung beträgt 50 km/h in Orten, sonst 80 km/h. Der Motorway zwischen Flughafen (Süden) und Grand Baie (Norden) ist gut ausgebaut. Der Rest des etwa 1600 km langen Straßennetzes besteht vor allem aus schmalen, kurvenreichen Landstraßen. Nehmen Sie sich für Ihre Fahrten etwas mehr Zeit; besonders bei Dunkelheit erfordern unbeleuchtete Fahrräder, Fußgänger und Schlaglöcher Ihre Aufmerksamkeit.

BUSSE

Öffentlichen Busse fahren fast jeden Inselort an, sind die preiswerteste Art zu reisen und vermitteln Einblicke in das Leben der Bevölkerung. Jede Stadt hat einen zentralen Busbahnhof. In den Stadtbezirken verkehren die Busse von *5.30 bis 20 Uhr*, auf dem Land von *6.30 bis 18.30 Uhr*. In Port Louis gibt es die *North Bus Station* in Richtung Norden und *South Bus Station* in Richtung Süden. Fahrscheine gibt es nur beim Schaffner.

DIPLOMATISCHE VERTRETUNG

Deutsches Konsulat auf Mauritius
32 bis, Rue Saint Georges, Port Louis, Tel. 212/41 00, Tel./Fax 211/41 11

Honorarkonsulat Schweiz
2 Jules Koenig Street, Port Louis, Tel. 208/87 63, Fax 88 50

Honorarkonsulat Österreich
Rogers House, 5 President John F. Kennedy Street, Port Louis, Tel. 211/68 01

EIN- & AUSREISE

Deutsche, Österreicher und Schweizer benötigen einen mindestens sechs Monate gültigen Reisepass und ein Rückreiseticket. Wer aus Cholera- oder Gelbfiebergebieten einreist, muss Impfbescheinigungen vorlegen.

FKK

Nacktbaden ist verboten, auch von oben ohne wird aus Respekt vor der Bevölkerung abgeraten.

FOTOGRAFIEREN

Es ist verboten, am Flughafen, im Hafen und rund um Kasernen zu fotografieren. Wer Menschen fotografiert, sollte sich zumindest durch freundliche Gestik deren Einverständnis holen. Fotomaterial ist teurer als in Deutschland.

GESCHÄFTSZEITEN

Uneinheitlich. In Port Louis Mo bis Fr 9–17, Sa 9–12 Uhr. In Curepipe, Quatre Bornes, Rose Hill und Centre de Flacq Donnerstag Nachmittag geschlossen, dafür aber Samstag Nachmittag bis 18 Uhr und Sonntag 9–12 Uhr geöffnet. Märkte finden offiziell von 6 bis 18 Uhr statt, doch vor 8 Uhr haben nur die wenigsten Stände geöffnet.

Was kostet wie viel?

Taxi – **0,40 bis 0,60 Euro** pro gefahrenen Kilometer

Kaffee – **Knapp 2 Euro** für eine Tasse Kaffee im Hotel

Wasser – **1,50 Euro** für einen halben Liter Wasser im Hotel

Wein – **3,80 Euro** für einen Viertelliter Wein

Benzin – **ca. 0,75 Euro** für einen Liter

Briefmarke – **ca. 0,75 Euro** für eine Postkarte ins Ausland

GESUNDHEIT

Auf Mauritius gibt es keine epidemischen Tropenkrankheiten, nicht einmal vor giftigen Tieren muss man sich fürchten. Die Insel ist praktisch malariafrei. Hoher Sonnenschutz ist unabdingbar.

Wegen Seeigeln und scharfer Korallen sollten Sie im seichten Wasser Badeschuhe tragen. Auch kleine Wunden müssen sofort ausgewaschen und desinfiziert werden. Seeigelstachel sollten vom Arzt entfernt werden. Bei Verdauungsschwierigkeiten hilft ein Löffel der schwarzen Papayakerne.

Die meisten Hotels arbeiten mit Vertragsärzten zusammen. Eine Auslandskrankenversicherung ist dringend empfohlen. Eine Behandlung wird nach Vorlage der Quittung erstattet. Das Angebot an Medikamenten in den Apotheken *(Pharmacy)* entspricht europäischem Standard. Müssen Sie in ein Krankenhaus, haben Sie die Wahl zwischen staatlichen Hospitälern, die auch Touristen kostenlos behandeln, und Privatkliniken, in denen Sie bar bezahlen müssen. In schweren Krankheitsfällen sind die Privatkliniken zu empfehlen.

Staatliches Krankenhaus
Jeetoo Hospital, Volcy Pougnet Street, Port Louis, Tel. 212/32 01

Privatklinik
City Clinic, Sir Edgar Laurent Street, Port Louis, Tel. 241/04 86, Fax 240/70 42

INTERNET

Nützliche Adressen zur Planung des Mauritius-Urlaubs: *www.mauritius-ferien.de*, *www.ingrids-welt.*

Zimmermädchen pro Tag 20 Rupien. Bei Taxifahrern rundet man großzügig auf.

WASSER

Nach längeren Trockenperioden können die Wasserreserven knapp werden; das sollte man beim Duschen bedenken. Leitungswasser sollte nicht getrunken werden.

ZEIT

Die Zeitverschiebung zwischen Mitteleuropa und Mauritius beträgt +3 Stunden, während der Sommerzeit in Europa +2 Stunden.

ZOLL

Ankunft auf Mauritius: Besucher ab 16 Jahren dürfen 250 Zigaretten oder 50 Zigarren oder 250 g Tabak, 1 l Spirituosen und 2 l Wein oder Bier sowie 25 ml Eau de Toilette zollfrei einführen. Die Einfuhr von Waffen, Betäubungsmitteln, pornografischen Filmen sowie Bildern, Obst, Gemüse, Fleisch und Pflanzen ist verboten. Auf Drogen steht die Todesstrafe! Wer Haustiere mitbringen möchte, muss sie bei der Ankunft anmelden und ein Gesundheitsattest sowie eine Genehmigung des Gesundheitsministeriums vorlegen; Hunde und Katzen kommen trotzdem für 6 Monate in Quarantäne.

Ankunft in der EU: Zollfrei einführen darf man 1 l Spirituosen, 2 l Wein, 200 Zigaretten oder 50 Zigarren oder 250 g Tabak, 500 g Kaffee, 50 g Parfum; dazu sonstige Waren (ausgenommen geschützte Tiere) im Gesamtwert von 175 Euro.

Wetter auf Mauritius

	Jan.	Feb.	März	April	Mai	Juni	Juli	Aug.	Sept.	Okt.	Nov.	Dez.
Tagestemperaturen in °C	29	29	29	28	26	25	24	24	24	25	27	29
Nachttemperaturen in °C	22	23	22	21	19	18	17	17	17	18	20	21
Sonnenschein Std./Tag	8	8	7	7	6	6	6	6	7	7	8	8
Niederschlag Tage/Monat	17	16	18	17	14	15	16	16	10	8	9	12
Wassertemperaturen in °C	27	27	27	27	25	24	23	22	23	23	24	25

Tu parles français?

»Sprichst du Französisch?«
Dieser Sprachführer hilft Ihnen, die wichtigsten Wörter und Sätze auf Französisch zu sagen

Zur Erleichterung der Aussprache sind alle französischen Wörter mit einer einfachen Aussprache (in eckigen Klammern) versehen.

AUF EINEN BLICK

Ja./Nein.	Oui. [ui]/Non. [nong]
Vielleicht.	Peut-être. [pöhtätr]
Bitte.	S'il vous plaît. [sil wu plä]
Danke.	Merci. [märsi]
Gern geschehen.	De rien. [dö rjäng]
Entschuldigen Sie!	Excusez-moi! [äksküseh mua]
Wie bitte?	Comment? [kommang]
Ich verstehe Sie/dich nicht.	Je ne comprends pas. [schön kongprang pa]
Ich spreche nur wenig Französisch.	Je parle un tout petit peu français [schparl äng tu pti pöh frangsä]
Können Sie mir bitte helfen?	Vous pouvez m'aider, s.v.p.? [wu puweh mehdeh sil wu plä]
Sprechen Sie Deutsch/Englisch?	Vous parlez allemand/anglais? [wu parleh almang/anglä]
Ich möchte …	J'aimerais … [schämrä]
Das gefällt mir nicht.	Ça ne me plaît pas. [san mö plä pa]
Haben Sie …?	Vous avez …? [wus‿aweh]
Wie viel kostet es?	Combien ça coûte? [kongbjäng sa kut]
Wie viel Uhr ist es?	Quelle heure est-il? [käl‿ör ät‿il]

KENNENLERNEN

Guten Morgen/Tag!	Bonjour! [bongschur]
Guten Abend!	Bonsoir! [bongsuar]
Hallo!/Grüß dich!	Salut! [salü]
Wie ist Ihr Name, bitte?	Comment vous appelez-vous? [kommang wus‿apleh wu]
Wie heißt du?	Comment tu t'appelles? [kommang tü tapäl]

Wie geht es Ihnen/dir?	Comment allez-vous/vas-tu? [kommangt‿aleh wu/wa tü]
Danke. Und Ihnen/dir?	Bien, merci. Et vous-même/toi? [bjäng märsi. eh wu mäm/tua]
Auf Wiedersehen!	Au revoir! [oh röwuar]
Tschüss!	Salut! [salü]

UNTERWEGS

Auskunft

links/rechts	à gauche [a gohsch]/à droite [a druat]
geradeaus	tout droit [tu drua]
nah/weit	près [präl]/loin [luäng]
Bitte, wo ist …?	Pardon, où se trouve …, s.v.p.? [pardong, us truw … sil wu plä]
Wie weit ist das?	C'est à combien de kilomètres d'ici? [sät‿a kongbjängd kilomätrö disi]

Panne

Ich habe eine Panne.	Je suis en panne. [schö süis‿ang pan]
Würden Sie mir bitte einen Abschleppwagen schicken?	Est-ce que vous pouvez m'envoyer une dépanneuse, s.v.p.? [äs‿kö wu puweh mangwuajeh ün deh panöhs sil wu plä]
Gibt es hier in der Nähe eine Werkstatt?	Est-ce qu'il y a un garage près d'ici? [äs‿kil‿ja äng garasch prä disi]
… ist defekt.	… est défectueux. [ä dehfäktüöh]

Tankstelle

Wo ist bitte die nächste Tankstelle?	Pardon, Mme/Mlle/M., où est la station-service la plus proche, s.v.p.? [pardong madam/madmuasäl/mösjöh u ä la stasjong särwis la plü prosch sil wu plä]
Ich möchte … Liter.	… litres, s'il vous plaît. [litrö sil wu plä]
Super.	Du super. [dü süpär]
Diesel.	Du gas-oil. [dü gasual]
bleifrei/mit … Oktan.	Du sans-plomb/… octanes. [dü sang plong/ … oktan]
Voll tanken, bitte.	Le plein, s.v.p. [lö pläng sil wu plä]

Unfall

Hilfe!	Au secours! [oh skur]
Achtung!	Attention! [atangsjong]
Rufen Sie bitte schnell …	Appelez vite … [apleh wit]
… einen Krankenwagen.	… une ambulance. [ün‿angbülangs]
… die Polizei.	… la police. [la polis]
… die Feuerwehr.	… les pompiers. [leh pongpjeh]

Es war meine Schuld.	C'est moi qui suis en tort. [sä mua ki süis‿ang torr]
Es war Ihre Schuld.	C'est vous qui êtes en tort. [sä wu ki äts‿ang torr]
Geben Sie mir bitte Ihren Namen und Ihre Anschrift!	Vous pouvez me donner votre nom et votre adresse? [wu puweh mö donneh wottrö nong eh wottr‿adräs]

ESSEN/UNTERHALTUNG

Wo gibt es hier …	Vous pourriez m'indiquer… [wu purjeh mängdikeh]
… ein gutes Restaurant?	… un bon restaurant? [äng bong rästorang]
… ein nicht zu teures Restaurant?	… un restaurant pas trop cher? [äng rästorang pa troh schär]
Reservieren Sie uns bitte für heute Abend einen Tisch für vier Personen.	Je voudrais réserver une table pour ce soir, pour quatre personnes. [schwudrä räsehrweh ün tablö pur sö suar pur kat pärsonn]
Wo sind bitte die Toiletten?	Où sont les W.-C., s.v.p.? [u song leh wehseh sil wu plä]
Auf Ihr Wohl!	A votre santé!/A la vôtre! [a wottr sangteh/a la wohtr]
Bezahlen, bitte.	L'addition, s.v.p. [ladisjong sil wu plä]

ÜBERNACHTUNG

Können Sie mir bitte ein gutes Hotel empfehlen?	Pardon, Mme/Mlle/M., vous pourriez recommander un bon hôtel? [pardong madam/madmuasäl/mösjöh wu purjeh rökommangdeh äng bonn‿ohtäl]
Haben Sie noch …	Est-ce que vous avez encore … [äs‿kö wus‿aweh angkorr]
… ein Einzelzimmer?	… une chambre pour une personne? [ün schangbr pur ün pärsonn]
… ein Zweibettzimmer?	… une chambre pour deux personnes? [ün schangbr pur döh pärsonn]
… mit Bad?	… avec salle de bains? [awäk sal dö bäng]
… für eine Nacht?	… pour une nuit? [pur ün nüi]
… für eine Woche?	… pour une semaine? [pur ün sömän]
Was kostet das Zimmer mit Frühstück?	Quel est le prix de la chambre, petit déjeuner compris? [käl‿ä lö prid la schangbr [pti dehschöneh kongpri]

PRAKTISCHE INFORMATIONEN

Arzt

Können Sie mir einen guten Arzt empfehlen?	Vous pourriez recommander un bon médecin, s.v.p.? [wu purjeh rökommangdeh äng bong mehdsäng sil wu plä]
Ich habe hier Schmerzen.	J'ai mal ici. [scheh mal isi]

Bank

Wo ist hier bitte …	Pardon, je cherche … [pardong schö schärsch]
… eine Bank?	… une banque. [ün bangk]
Ich möchte Euro (Schweizer Franken) wechseln.	Je voudrais changer euro (francs suisses). [schwudrä schangscheh öroh (frang süis)]

Post

Was kostet …	Quel est le tarif pour affranchir … [käl‿ä lö tarif pur afrangschir]
… eine Postkarte …	… des cartes postales … [deh kart postal]
… nach Deutschland?	… pour l'Allemagne? [pur lalmanj]

ZAHLEN

0	zéro [sehroh]	20	vingt [wäng]
1	un, une [äng, ühn]	21	vingt et un, une [wängt‿eh äng, ühn]
2	deux [döh]	22	vingt-deux [wängt döh]
3	trois [trua]	30	trente [trangt]
4	quatre [katr]	40	quarante [karangt]
5	cinq [sängk]	50	cinquante [sängkangt]
6	six [sis]	60	soixante [suasangt]
7	sept [sät]	70	soixante-dix [suasangt dis]
8	huit [üit]	80	quatre-vingt [katrö wäng]
9	neuf [nöf]	90	quatre-vingt-dix [katrö wäng dis]
10	dix [dis]	100	cent [sang]
11	onze [ongs]	200	deux cents [döh sang]
12	douze [dus]	1000	mille [mil]
13	treize [träs]	2000	deux mille [döh mil]
14	quatorze [kators]	10000	dix mille [di mil]
15	quinze [kängs]		
16	seize [säs]	1/2	un demi [äng dmi]
17	dix-sept [disät]	1/4	un quart [äng kar]
18	dix-huit [disüit]		
19	dix-neuf [disnöf]		

Do you speak English?

»Sprichst du Englisch?«
Dieser Sprachführer hilft Ihnen, die wichtigsten Wörter und Sätze auf Englisch zu sagen

Zur Erleichterung der Aussprache sind alle englischen Wörter mit einer einfachen Aussprache (in eckigen Klammern) versehen.
Folgende Zeichen sind Sonderzeichen:

ə nur angedeutetes »e« wie in bitte
θ [s] gesprochen mit der Zungenspitze zwischen den Zähnen
' die nachfolgende Silbe wird betont. Bei einer Hauptbetonung steht das Zeichen oben vor der Silbe, bei einer Nebenbetonung unten.

AUF EINEN BLICK

Ja./Nein.	Yes. [jäs]/No. [nəu]
Vielleicht.	Perhaps. [pə'häps]/Maybe. ['mäibih]
Bitte.	Please. [plihs]
Danke.	Thank you. ['θänkju]
Vielen Dank!	Thank you very much. ['θänkju 'wäri 'matsch]
Gern geschehen.	You're welcome. [joh 'wälkəm]
Entschuldigung!	I'm sorry! [aim 'sori]
Wie bitte?	Pardon? ['pahdn]
Ich verstehe Sie/dich nicht.	I don't understand. [ai dəunt andə'ständ]
Ich spreche nur wenig …	I only speak a bit of … [ai 'əunli spihk ə'bit əw …]
Können Sie mir bitte helfen?	Can you help me, please? ['kən ju 'hälp mi plihs]
Ich möchte …	I'd like … [aid'laik]
Das gefällt mir (nicht).	I (don't) like it. [ai (dəunt) laik‿it]
Haben Sie …?	Have you got …? ['həw ju got]
Wie viel kostet es?	How much is it? ['hau'matsch is it]
Wie viel Uhr ist es?	What time is it? [wot 'taim is it]

KENNENLERNEN

Guten Morgen!	Good morning! [gud 'mohning]
Guten Tag!	Good afternoon! [gud ahftə'nuhn]
Guten Abend!	Good evening! [gud 'ihwning]

Hallo! Grüß dich!	Hello! [hə'ləu]/Hi! [hai]
Mein Name ist …	My name is … [mai näims …]
Wie ist Ihr/dein Name?	What's your name? [wots joh 'näim]
Wie geht es Ihnen/dir?	How are you? [hau 'ah ju]
Danke. Und Ihnen/dir?	Fine thanks. And you? ['fain θänks, ənd 'ju]
Auf Wiedersehen!	Goodbye!/Bye-bye! [gud'bai/bai'bai]
Tschüss!	See you!/Bye! [sih ju/bai]
Bis morgen!	See you tomorrow! [sih ju tə'mərəu]

UNTERWEGS

Auskunft

links/rechts	left [läft]/right [rait]
geradeaus	straight on [sträit 'on]
nah/weit	near [niə]/far [fah]
Bitte, wo ist …?	Excuse me, where's …, please? [iks'kjuhs 'mih 'weəs … plihs]
Bahnhof	station ['stäischn]
Bushaltestelle	bus stop [bas stəp]
Flughafen	airport ['eəpoht]
Wie weit ist das?	How far is it? ['hau 'fahr‿is‿it]
Ich möchte ... mieten.	I'd like to hire ... [aid'laik tə 'haiə]
... ein Auto .../... ein Fahrrad ...	… a car. [ə 'kah]/…a bike. [ə 'baik]

Panne

Ich habe eine Panne.	My car's broken down. [mai 'kahs 'brəukn 'daun]
Würden Sie mir bitte einen Abschleppwagen schicken?	Would you send a breakdown truck, please? ['wud ju sänd ə bräikdaun trak plihs]
Gibt es hier in der Nähe eine Werkstatt?	Is there a garage nearby? ['is θeə‿ə 'gärahdsch 'niərbai]

Tankstelle

Wo ist die nächste Tankstelle?	Where's the nearest petrol station? ['weəs θə 'niərist 'pätrəlstäischn]
Ich möchte … Liter …	… litres of … ['lihtəs əw]
… Normalbenzin.	… three-star, ['θrihstah]
… Super.	… four-star, ['fohstah]
… Diesel.	… diesel, ['dihsl]
… bleifrei/verbleit.	… unleaded/leaded, please. [an'lädid/'lädid plihs]
Voll tanken, bitte.	Full, please. ['ful plihs]

Unfall

Hilfe!	Help! [hälp]
Achtung!	Attention! [ə'tänschn]

Vorsicht!	Look out! ['luk 'aut]
Rufen Sie bitte …	Please call … ['plihs 'kohl]
… einen Krankenwagen.	… an ambulance. [ən 'ämbjuləns]
… die Polizei.	… the police. [θə pə'lihs]
Es war meine Schuld.	It was my fault. [it wəs 'mai 'fohlt]
Es war Ihre Schuld.	It was your fault. [it wəs 'joh 'fohlt]
Geben Sie mir bitte Ihren Namen und Ihre Anschrift.	Please give me your name and address! [plihs giw mi joh 'näim ənd ə'dräs]

ESSEN/UNTERHALTUNG

Wo gibt es hier …	Is there … here? ['is θeər … 'hiə]
… ein gutes Restaurant?	… a good restaurant …[ə 'gud 'rästərohng]
… ein typisches Restaurant?	… a restaurant with local specialities … [ə 'rästərohng wiθ 'ləukl ‚späschi'älitis]
Gibt es hier eine gemütliche Kneipe?	Is there a nice pub here? ['is θeər‿ə nais 'pab hiə]
Reservieren Sie uns bitte für heute Abend einen Tisch für vier Personen.	Would you reserve us a table for four for this evening, please? ['wud ju ri'söhw əs ə 'täibl fə foh fə θis 'ihwning plihs]
Die Speisekarte, bitte.	Could I have the menu, please. ['kud ai häw θə 'mänjuh plihs]
Ich nehme ...	I'll have ... [ail häw]
Bitte ein Glas ...	A glass of ..., please [ə 'glahs‿əw ... plihs]
Auf Ihr Wohl!	Cheers! [tschiəs]
Bezahlen, bitte.	Could I have the bill, please? ['kud ai häw θə 'bil plihs]
Wo sind bitte die Toiletten?	Where are the toilets, please? ['weərə θə 'toilits plihs]

EINKAUFEN

Wo finde ich …?	Where can I find …? ['weə 'kən‿ai 'faind]
Apotheke	chemist's [kämists]
Bäckerei	baker's [bäikəs]
Kaufhaus	department store [di'pahtmənt stoh]
Lebensmittelgeschäft	food store ['fuhd stoh]
Markt	market ['mahkit]

ÜBERNACHTUNG

Können Sie mir bitte … empfehlen?	Can you recommend …, please? [kən ju ‚räkə'mänd … plihs]
… ein Hotel ...	… a hotel ... [ə həu'täl]
… eine Pension ...	… a guest-house ... [ə 'gästhaus]
Ich habe bei Ihnen ein Zimmer reserviert.	I've reserved a room. [aiw ri'söhwd‿ə 'ruhm]

Haben Sie noch …	Have you got … [həw ju got]
… ein Einzelzimmer?	… a single room? [ə 'singl ruhm]
… ein Doppelzimmer?	… a double room? [ə 'dabl ruhm]
… mit Dusche/Bad?	… with a shower/bath? [wiθ ə 'schauə/'bahθ]
… für eine Nacht?	… for one night? [fə wan 'nait]
… für eine Woche?	… for a week? [fə ə 'wihk]
Was kostet das Zimmer mit …	How much is the room with … ['hau 'matsch is θə ruhm wiθ]
… Frühstück?	… breakfast? ['bräkfəst]
… Halbpension?	… half board? ['hahf'bohd]
… Vollpension?	… full board? ['ful'bohd]

PRAKTISCHE INFORMATIONEN

Arzt

Können Sie mir einen guten Arzt empfehlen?	Can you recommend a good doctor? [kən ju ,räkə'mänd ə gud 'doktə]
Ich habe hier Schmerzen.	I've got pain here. [aiw got päin 'hiə]

Post

Was kostet …	How much is … ['hau 'matsch is]
… ein Brief …	… a letter … [ə 'lätə]
… eine Postkarte …	… a postcard … [ə pəustkahd]
… nach Deutschland?	… to Germany? [tə 'dschöhməni]

ZAHLEN

0	zero, nought [siərəu, noht]
1	one [wan]
2	two [tuh]
3	three [θrih]
4	four [foh]
5	five [faiw]
6	six [siks]
7	seven ['säwn]
8	eight [äit]
9	nine [nain]
10	ten [tän]
11	eleven [i'läwn]
12	twelve [twälw]
13	thirteen [θöh'tihn]
14	fourteen [,foh'tihn]
15	fifteen [,fif'tihn]
16	sixteen [,siks'tihn]
17	seventeen [,säwn'tihn]
18	eighteen [,äi'tihn]
19	nineteen [,nain'tihn]
20	twenty ['twänti]
21	twenty-one [,twänti'wan]
30	thirty ['θöhti]
40	forty ['fohti]
50	fifty ['fifti]
60	sixty ['siksti]
70	seventy ['säwnti]
80	eighty ['äiti]
90	ninety ['nainti]
100	a (one) hundred ['ə (wan) 'handrəd]
1000	a (one) thousand ['ə (wan) 'θausənd]
10000	ten thousand ['tän 'θausənd]
1/2	a half [ə 'hahf]
1/4	a (one) quarter ['ə (wan) 'kwohtə]

Reiseatlas Mauritius

Die Seiteneinteilung für den Reiseatlas finden Sie auf dem hinteren Umschlag dieses Reiseführers

anzeige

total relaxed in den urlaub: einsteiger-übung

1. lehnen sie sich entspannt zurück und gleiten sie in gedanken zu den cleveren angeboten von holiday autos. stellen sie sich vor, als weltgrösster vermittler von ferienmietwagen bietet ihnen holiday autos

   - mietwagen in über 80 urlaubsländern
   - zu äusserst attraktiven preisen

2. vergessen sie jetzt die üblichen zuschläge und überraschungen. dank

   - alles inklusive tarife
   - wegfall der selbstbeteiligung
   - und min. 1,5 mio € haftpflichtdeckungssumme (usa: 1,1 mio €)

   steht ihr endpreis bei holiday autos von anfang an fest.

3. nehmen sie ganz ruhig den hörer, wählen sie die telefonnummer **0180 5 17 91 91** **(12cent/min)**, surfen sie zu **www.holidayautos.com** oder fragen sie in ihrem reisebüro nach den topangeboten von holiday autos!

kein urlaub ohne
holiday autos

Kartenlegende Reiseatlas

Autobahnen/Motorways
Autoroutes/Autostrade

in Bau/under construction
en construction/in costruzione

A-Straßen/A-Roads
Routes-A/A-Strade

B-Straßen/B-Roads
Routes-B/B-Strade

Nebenstraßen/Minor roads
Autres routes/Strade secondarie

Pisten/Tracks
Pistes/Piste

2.5 Entfernungen/Distances
Distances/Distanze

Bezirksgrenze/District boundary
Limite de district/Confine di Provincia

Naturschutzgebiet/Natur reserve
Réserve naturelle/Parco naturale

Siedlung/Settlement
Zone habitée/Centro abitato

Dörfer/Villages
Villages/Villaggi

Kirche/Church
Eglise/Chiesa

Tempel/Temple
Temple/Tempio

Moschee/Mosque
Mosquée/Moschea

Krankenhaus/Hospital
Hôpital/Ospedale

Polizei/Police
Police/Polizia

Postamt/Post office
Bureau de poste
Ufficio postale

Ausflüge & Touren/Excursions & tours
Excursions & tours/Gite & escursione

Strand/Beach
Plage/Spiaggia

Korallenriff/Coral reef
Récif de corail/Banco di coralli

Damm, Wasserfall/Dam, Waterfall
Barrage, Cascade/Diga, Cascata

369 Höhe in m/Altitude in m
Altitude en m/Altitudine in m

Aussichtspunkt/Viewpoint
Point de vue/Punto panoramico

Sehenswürdigkeit/Place of interest
Curiosité/Curiosità

Museum/Museum
Musée/Museo

Information/Informazione

Hotel/Hotel
Hôtel/Albergo

Restaurant/Ristorante

Botschaft/Embassy
Ambassade/Ambasciata

Flughafen/Airport
Aéroport/Aeroporto

Leuchtturm/Lighthouse
Phare/Faro

Badestrand/Beautiful beach
Belle plage/Spiaggia bella

Wassersport/Watersports
Sports nautiques
Sport acquatico

Segeln/Sailing
Voile/Navigazione a vela

Golf

Höhe in m/Height in m/Hauteur en m/Altezza in m

0 100 200 300 400 500 600 700

117
PORT LOUIS
114

D
E
F
1
2
3
4
5
6
3 km
O C E A N
Pointe Butte aux Sables
PARADISE COVE
Anse la Raie
Pointe Madras
MARINA VILLAGE
Bassin Paquet
Butte à l'Herbe
Pointe aux Roches
Passe Vacoas
Passe d'Oscorne
Petit Paquet
St François
LE GRAND GAUBE
B44
Grand Gaube
Pointe Oscorne
Pointe Bernard
Passe Lalazar
Germain
Petite Pointe
Bassin Bernard
Réunion Maurel
Roche Terre
B13
B14
Pointe Bernache
Ilot Bernache
Matapan
Mamzelle Jeanne
Madame Azor
Anse Bonsergent
Île d'Ambre
Passe St Géran
Grande Pointe
Pointe Orientale
GOODLANDS
St Antoine
B15
POUDRE D'OR
Bassin Goémons
Passe des Citronniers
Passe des Goelettes
Bassin Humbert
Cottage
Forbach
Poudre d'Or
Espérance Trébuchet
B16
REMPART
Poudre d'Or Hamlet
Hermitage
Anse du Bain
Pointe des Lascars
Pointe Lascars
Îlot du Mart
Pointe Bonhomme
Pointe de l'Embarcadère
Bras de Mer des Frégates
L'Espérance
Piton
Beau Séjour
Rivière du Rempart
La Clémence
Gokoola
Pointe de Roche Noire
Roches Noires
CORAL BEACH BUNGALOWS
Amitié
Mon Loisir
Plaines des Roches
Mare Sarcelle
Belle Vue Maurel
Barlow
ROCHES
Pointe Lafayette
Pointe Radeau
B21
Amaury
Bois Jacot
DES
KESTREL
Bras de Mer Belcourt
Villebague
B15
Pointe d'Esny
Île Malno
B22
PLAINE
Pont Praslin
A2
Mare d'Australia
Laventure
LE PRINCE MAURICE
Choisy
B57
ST GÉRAN
SANDY BAY
Brisée Verdière
BON ACCEUIL
Grande Retraite
Petite Retraite
R. François
A2
Pont Blanc
Poste de Flacq
B62
B23
1

115
119

A
116
B
C
1
2
3
4
5
6
Baie du Tamarin
TAMARIN
Tamarin
Tamarin Estate
R. Tamarin
TAMARIN
Yemen
Pointe du Tamarin
La Mivoie
Tourelle du Tamarin
548
R. Boucan
La Preneuse
LES BOUGAINVILLIERS
La Bonne Chute
Tamarin Mountain
A3
ISLAND SPORTS CLUB
RIVIÈRE NOIRE
Grande Rivière Noire
Baie de la Grande Rivière Noire
Jade Pavillion
Black River Aviary
Les Salines
Grand Rivière Noire
Îlot Fortier
Petite Rivière Noire
Baie de la Petite Rivière Noire
Petite Case Noyale
Îlot Malais
CASSE NOYALE
Piton de la Petite Rivière Noire
828
Grande Case Noyale
3.5
Île aux Bénitiers
Chamarel
8.0
La Gaulette
Piton du Canot
4.6
Cachette
Pointe des Pecheurs
BRABANT
Pointe Marron
Coteau Raffin
B9
Chamarel Coloured Earth
R. St Denis
PARADIS
Passe de l'Ambulante
Le Domino
4.0
Chamarel Waterfall
DINAROBIN HOTEL
Le Morne Brabant
243
556
Mt Laporte
Piton du Fouge
596
11.0
LES PAVILLONS
BERJAYA RESORT
Pointe Sud Ouest
L'Embrasure
LE CAP
Bel Air
Fantaisie
409
Îlot Forneau
Staub
2
Passe de la Prairie
Choisy
Pointe Corail de la Prairie
8.8
Baie du Cap
Passe St Jacques
Baie du Cap
M'ma Condé
Le Petit Cap
4.4
St Martin
Bel Or
Pointe Citronniers
INDIAN OC
3 km

D
E
Camp Roches
Camp la Savanne
Camp Caval
Glen Park
Botanical Gardens
EUROPA
AUBERGE DU PETIT CERF
Forest Side
117
Vacoas Mountains
Camp Mapou
Henrietta
La Marie
CUREPIPE
B70
Seizième Mille
A10
1
CABINET N.R.
632
Simonet
PLAINES
PERRIER N.R.
2
Tamarin Falls
Tamarind Falls Reservoir
R. Tamarin
R. Papayes
WILHELMS
Curepipe Point
686
Mare aux Vacoas
Mare Longue Reservoir
Brise Fer
622
VACOAS
Nouve
2
Mt Perruche
Pont Colville
K RIVER
676
Kanaka Crater
ack River Gorges
Le Pétrin
GEORGES
PLAINE CHAMPAGNE
Grand Bassin
Grand Bassin
702
Piton Grand Bassin
LES MARES N.R.
GOULY PERE N.R.
BOIS SEC N.R.
B88
B88
Bois Chéri
Bois Chéri
Grand Bois
3
NATIONAL PARK
GRANDE
St Avold
771
Mt Cocotte
Savanne Mountains
Piton Savanne
704
Piton Capote
Piton Poule
Bassin Blanc
Beau Bois
A9
4
SAVANNE
La Vallée des Couleurs
Mont Blanc
Bain des Negresses
R. Savanne
R. des Galets
B89
Chamouny
Frederica
CHEMIN GRENIER
Rivière des Anguilles
Valentina
Juranćon
248
R. Patates
Beau Champ
B10
St Felix
Fontenelle
St Aubin
Rochester Falls
La Vanille Crocodile Nature
5
Senneville
Ilot Sancho
Rivière des Galets
Surinam
B89
Martinière
Union Ducray
Baie du Jacotet
B9
Terracine
Souillac Touristic Village
Pointe aux Roches
Pomponnette
Riambel
Cemetery
Pointe Riambel
Souillac
La Roche Qui Pleure
Museum
Trou d'Esny
E A N
6

MARCO POLO

Für Ihre nächste Reise gibt es folgende Titel:

Deutschland

Allgäu
Amrum/Föhr
Bayerischer Wald
Berlin
Bodensee
Chiemgau/ Berchtesgaden
Dresden
Düsseldorf
Eifel
Erzgebirge/Vogtl.
Franken
Frankfurt
Hamburg
Harz
Heidelberg
Köln
Leipzig
Lüneburger Heide
Mark Brandenburg
Mecklenburgische Seenplatte
Mosel
München
Nordseeküste: Schleswig-Holst.
Oberbayern
Ostfries. Inseln
Ostfriesland: Nordseeküste Niedersachsen
Ostseeküste: Mecklenburg-Vorpommern
Ostseeküste: Schleswig-Holst.
Pfalz
Potsdam
Rügen
Schwarzwald
Spreewald/Lausitz
Stuttgart
Sylt
Thüringen
Usedom
Weimar
Die besten Weine in Deutschland
Die tollsten Musicals in Deutschland

Frankreich

Bretagne
Burgund
Côte d'Azur
Disneyland Paris
Elsass
Frankreich
Frz. Atlantikküste
Korsika
Languedoc-Roussillon
Loire-Tal
Normandie
Paris
Provence

Italien Malta

Capri
Dolomiten
Elba
Emilia-Romagna
Florenz
Gardasee
Golf von Neapel
Ischia
Italien
Italien Nord
Italien Süd
Ital. Adria
Ital. Riviera
Mailand/ Lombardei
Malta
Oberital. Seen
Piemont/Turin
Rom
Sardinien
Sizilien
Südtirol
Toskana
Umbrien
Venedig
Venetien/Friaul

Spanien Portugal

Algarve
Andalusien
Azoren
Barcelona
Costa Blanca
Costa Brava
Costa del Sol/ Granada
Fuerteventura
Gomera/Hierro
Gran Canaria
Ibiza/Formentera
Lanzarote
La Palma
Lissabon
Madeira
Madrid
Mallorca
Menorca
Portugal
Spanien
Teneriffa

Nordeuropa

Bornholm
Dänemark
Finnland
Island
Kopenhagen
Norwegen
Schweden

Osteuropa

Baltikum
Budapest
Königsberg/ Ostpreußen Nord
Masurische Seen
Moskau
Plattensee
Polen
Prag
Riesengebirge
Rumänien
Russland
St. Petersburg
Slowakei
Tschechien
Ungarn

Österreich Schweiz

Berner Oberland/ Bern
Kärnten
Österreich
Salzburg/ Salzkammergut
Schweiz
Tessin
Tirol
Wien
Zürich

Westeuropa und Benelux

Amsterdam
Brüssel
England
Flandern
Irland
Kanalinseln
London
Luxemburg
Niederländ. Küste
Niederlande
Schottland
Südengland
Wales

Südosteuropa

Athen
Bulgarien
Chalkidiki
Griechenland Festland
Griechische Inseln/Ägäis
Ionische Inseln
Istrien/Kvarner
Istanbul
Korfu
Kos
Kreta
Kroatische Küste
Peloponnes
Rhodos
Samos
Türkei
Türkische Mittelmeerküste
Zypern

Nordamerika

Alaska
Chicago und die Großen Seen
Florida
Hawaii
Kalifornien
Kanada
Kanada Ost
Kanada West
Los Angeles
New York
Rocky Mountains
San Francisco
USA
USA Neuengland
USA Ost
USA Südstaaten
USA Südwest
USA West
Washington, D.C.

Mittel- und Südamerika Antarktis

Antarktis
Argentinien/ Buenos Aires
Bahamas
Barbados
Brasilien/ Rio de Janeiro
Chile
Costa Rica
Dominikanische Republik
Ecuador/ Galapagos
Jamaika
Karibik I
Karibik II
Kuba
Mexiko
Peru/Bolivien
Südamerika
Venezuela
Yucatán

Afrika Vorderer Orient

Ägypten
Dubai/Emirate/ Oman
Israel
Jemen
Jerusalem
Jordanien
Kenia
Libanon
Marokko
Namibia
Südafrika
Syrien
Türkei
Türkische Mittelmeerküste
Tunesien

Asien

Bali/Lombok
Bangkok
China
Hongkong
Indien
Japan
Ko Samui/ Ko Phangan
Malaysia
Nepal
Peking
Philippinen
Phuket
Singapur
Sri Lanka
Taiwan
Thailand
Tokio
Vietnam

Indischer Ozean Pazifik

Australien
Hawaii
Malediven
Mauritius
Neuseeland
Seychellen
Südsee

Sprachführer

Arabisch
Englisch
Französisch
Griechisch
Italienisch
Kroatisch
Niederländisch
Norwegisch
Polnisch
Portugiesisch
Russisch
Schwedisch
Spanisch
Tschechisch
Türkisch
Ungarisch

Hier finden Sie alle in diesem Reiseführer erwähnten Orte, Sehenswürdigkeiten und Ausflugsziele. Halbfette Seitenzahlen verweisen auf den Haupteintrag, kursive auf ein Foto.

Schreiben Sie uns!

Liebe Leserin, lieber Leser,

wir setzen alles daran, Ihnen möglichst aktuelle Informationen mit auf die Reise zu geben. Dennoch schleichen sich manchmal Fehler ein – trotz gründlicher Recherche unserer Autoren/innen. Sie haben sicherlich Verständnis, dass der Verlag dafür keine Haftung übernehmen kann. Wir freuen uns aber, wenn Sie uns schreiben.

Senden Sie Ihre Post an die MARCO POLO Redaktion,
Mairs Geographischer Verlag, Postfach 31 51, 73751 Ostfildern,
marcopolo@mairs.de

Impressum

Titelbild: Strand bei Trou aux Biches (Huber: Schmid)
Fotos: Fotex (30); J. Gutowski (24, 54, 56, 87); Hotel Prince Maurice (vorderer Umschlag l.); Huber (2 M., 61, 73), Huber: Jetter (76), Schmid (111); R. Irek (20, 27, 40, 51, 64); laif: Biskup (5 r., 16, 22, 49, 50, 84), Huber (11, 26, 68), Meier (1, 9, 38, 43, 86, 91, 96); Mauritius: Cassio (74); H. Mielke (vorderer Umschlag M., vorderer Umschlag r., 5 l., 6, 7, 12, 14, 29, 37, 44, 47, 55, 58, 65, 71, 72, 88, 92, 95); Schapowalow: Gatha (2 o.), Huber (18), Pratt-Priess (42); Schuster: Fiore (4, 63), Roth (28), Schulz (34); A. Sperber (82); T. Stankiewicz (41, 46, 79)

6., aktualisierte Auflage 2002 © Mairs Geographischer Verlag, Ostfildern
Herausgeber: Ferdinand Ranft, Chefredakteurin: Marion Zorn
Redaktion: Korinna Oehring, Bildredakteurin: Gabriele Forst
Kartografie Reiseatlas: © Survey Department, Port Louis/The Macmillan Press Ltd., London
Gestaltung: red.sign, Stuttgart
Sprachführer: in Zusammenarbeit mit dem Ernst Klett Verlag GmbH, Stuttgart, PONS Wörterbücher

Printed in Germany. Gedruckt auf 100% chlorfrei gebleichtem Papier

Bloß nicht!

Einige Hinweise, um Ihnen auf Mauritius unliebsame Erfahrungen zu ersparen

Falsche Souvenirs sammeln

Muscheln, Korallen und Schildkröten gehören ins Meer und nicht als Staubfänger aufs Regal! Wer sie sammelt oder kauft, ist mitverantwortlich für die Zerstörung einer fragilen und einzigartigen Unterwasserwelt. Tot oder lebendig, aus anderen Ländern oder von hier, gezüchtet oder nicht – lassen Sie die Finger davon. So manches Souvenir wird am Zoll beschlagnahmt, weil die Einfuhr verboten ist.

Heimische Verhältnisse erwarten

Trotz Schnellstraßen und Verkehrsampeln ist Mauritius nicht Europa. Besonders nachts heißt es sich nicht nur auf den Linksverkehr zu konzentrieren: Schlaglöcher, unbeleuchtete Fahrräder, betrunkene Landarbeiter, schlafende Hunde. Die Straßen der Insel sind zu jeder Tageszeit belebt. Übrigens: Der Besuch im großen Hotel sollte angemeldet werden, sonst riskiert man ein Eintrittsverbot durch den Pförtner.

Oben ohne um jeden Preis

An öffentlichen Stränden, an denen die einheimischen Frauen den Sari sogar im Wasser anbehalten, empfindet die Bevölkerung Oben-ohne-Sonnen als Affront. Nacktbaden ist verboten, an den Poolanlagen der großen Hotels wird zumindest oben ohne geduldet. Das Bikinioberteil sollte aber höchstens dort abgelegt werden, wo Urlauber unter sich sind.

Preise kaputt machen

Der Preisunterschied zwischen dem Leben im Hotel und dem Leben in den Dörfern ist gewaltig. Für eine Übernachtung mit Halbpension in einem Doppelzimmer zahlen Urlauber oft mehr, als ein Mauritier im Monat verdient. Für manche der selbst ernannten Führer ist das Grund genug, ihre Tarife einem »westlichen« Standard anzupassen. Immer sollte man deshalb die Preise im Vorhinein verabreden, und sich im Hotel über die gängigen Tarife (z. B. für Taxis) informieren – allein schon um unangenehmen Überraschungen bei erhöhten Forderungen vorzubeugen. Bei Führungen durch Tempelanlagen wird eine Spende erwartet. Wer nicht mindestens 20 Rupien gibt, wird Missmut ernten.

Zu viel Haut zeigen

Schon auf der Straße und in Restaurants gilt es als unhöflich, in allzu knapper Freizeitmode herumzulaufen. In Tempeln, mehr noch aber in Moscheen wird vom Besucher erwartet, lange Hosen und langärmlige Hemden zu tragen. Die Schuhe allerdings muss man am Eingang ausziehen.